中国电力市场
结构规制改革研究

Zhongguo Dianli Shichang
Jiegou Guizhi Gaige Yanjiu

唐昭霞 ◙ 著

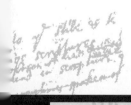

西南财经大学出版社
SOUTHWESTERN UNIVERSITY OF FINANCE & ECONOMICS PRESS

图书在版编目(CIP)数据

中国电力市场结构规制改革研究/唐昭霞著. —成都:西南财经大
学出版社,2011.11
ISBN 978 - 7 - 5504 - 0456 - 4

Ⅰ.①中… Ⅱ.①唐… Ⅲ.①电力市场—市场改革—研究—中国
Ⅳ.①F426.61

中国版本图书馆 CIP 数据核字(2011)第 212637 号

中国电力市场结构规制改革研究

唐昭霞 著

责任编辑:张 岚
助理编辑:黄旭中
封面设计:大 涛
责任印制:封俊川

出版发行	西南财经大学出版社(四川省成都市光华村街55号)
网 址	http://www.bookcj.com
电子邮件	bookcj@foxmail.com
邮政编码	610074
电 话	028 - 87353785 87352368
印 刷	郫县犀浦印刷厂
成品尺寸	148mm×210mm
印 张	8.5
字 数	205 千字
版 次	2011 年 11 月第 1 版
印 次	2011 年 11 月第 1 次印刷
书 号	ISBN 978 - 7 - 5504 - 0456 - 4
定 价	29.80 元

前　言

　　长期以来，电力产业一直实行的是发、输、配、售垂直一体化垄断的产业组织结构形式。这种组织结构尽管在一定技术条件下，适应了电力产业发展的内在要求，但随着电力产业规模变化、技术发展和市场扩大，日益暴露出严重的弊端。其中最突出的问题在于：在垂直一体化的垄断结构下，由于市场竞争的缺乏，厂商与行业缺乏尽可能降低成本、推进技术进步的动力和压力，运营效率低下。又随着自然垄断理论的新发展，人们认识到自然垄断性具有变迁性，当一定的因素发生变化时，自然垄断性将逐渐弱化甚至消失。20 世纪 90 年代，在新理论的支持下，为了克服因垄断而带来的种种弊端，世界各国纷纷在电力产业中进行了打破传统电力产业垂直垄断一体化市场结构的措施，电力市场化改革一时风起云涌。国际电力市场化改革的实践给中国电力改革提供了思路：中国的电力改革可以通过将竞争性环节（发电、售电）与垄断环节（电网）实行分离来打破传统的纵向一体化结构。拆分后的各水平环节中，竞争环节要防止垄断，促进竞争，垄断环节要进行激励。所以，中国电力产业改革的重要本质之一就是市场结构的改革。然而政府规制的滞后导致中国电力市场结构改革出现诸多问题，本书的研究中心就是重建电力市场结构规制。

本书的研究以马克思主义经济学和唯物辩证法为指导，充分运用西方现代产业组织理论的分析框架，在总结前人研究成果的基础上，采用规范分析与实证分析相结合、定性分析与定量分析相结合的研究方法。

本书研究的基本思路是：以电力产业的市场结构变革为线索，以重建适应新结构的规制为研究中心，沿着"研究背景—文献综述—理论分析—实证研究—问题剖析—政策框架—具体措施"的逻辑结构来组织全书。

本书首先述评了电力产业市场结构规制的相关文献和基础理论，从电力市场结构的概念入手，认为电力产业市场结构是电力产业纵向结构和横向结构的总称，纵向结构是指电力产业发、输、配、售四个环节之间的关系，具体说来它们是一体化还是分离关系，是市场交易关系还是垄断的内部管理关系；横向结构是指各个水平环节的各企业之间是竞争还是垄断的关系。随后按照电力产业规制的"规制—放松规制—重建规制"的历史演进路径对电力产业规制进行了综述，由于直接针对电力市场结构的规制是散见于对电力产业的规制措施中的，因此目前没有研究从电力市场结构这个视角去系统整理和归纳政府规制，这就是本书最大量的工作之一：按照纵向结构与横向结构的体系对政府规制进行重建。

在理论研究的基础上，本书立足于我国的特定国情，分析了我国目前的电力市场结构现状，根据现状选择了电力产业未来的目标结构。由于政府规制没有跟上电力市场结构改革的步伐，出现了滞后，导致中国电力市场结构改革实践过程中出现了很多问题：纵向结构方面，厂网并没有真正分开，导致电网歧视性接入；横向结构方面，发电环节的企业集中度低，但投资者集中，容易出现市场力现象。进退壁垒偏高，产品差别化大，企业规模不经济，导致发电环节竞争不充分，再加上中国电力需求一直很大，所以各个企业没有提高生产效率、降低成本的激励，转向"跑马圈地"，通过扩大投资来提高效益。电网环节作为具有自然垄断性的环节，没有发挥其规模经济的优势，电网投资不足，建设滞后，安全性差，"卡脖子"现象屡有发生。

通过以上分析，本书基于我国电力产业纵向分离应该提防风险的观点，提出了对纵向结构进行风险管理的规制框架；基于电力产业横向分切的应该重视激励，提出了横向结构的激励相容的规制框架；最后在风险管理和激励相容规制框架下提出了具体的规制政策和措施。

本书包括导论和六章正文，结构安排如下：

导论在介绍本书写作的背景、基本思路、逻辑结构、创新与不足等问题的同时，重点对电力市场结构概念和电力市场规制进行了文献综述。为本书确定了研究的理论起点。

第一、二章为全书的理论基础部分。第一章介绍了自然垄断理论的新进展并分析了电力产业的自然垄断性，对电力产业的纵向和横向结构进行了理论分析，并对电力产业规制的风险管理和激励相容规制进行了理论梳理。第二章以美国、英国和日本为例探讨了电力产业市场结构改革的特点和规律，为中国的电力市场结构改革提供了国际经验的借鉴。

第三、四章为本书的现状分析部分。第三章通过大量数据描述了中国电力产业市场结构的现状，提出中国电力产业市场结构改革问题总体来说就是"纵向分割不成功，横向缺乏竞争和激励"。从纵向来说，厂网没有真正实现分开，虽然 2007 年随着"920""647"万千瓦资产的变现，标志着中国电力产业市场结构重组的第一步"厂网分开"正式完成；但实质上电网由于存在调峰电站，由于存在"内部人"持股发电资产，厂网并没有真正分开，从而导致各种类型发电企业的不公平竞争地位，出现歧视性接入状况。从横向来说，竞争性环节的竞争没有充分展开。通过国家行政划分的发电企业虽然集中度不高，但由于都是国家一个投资者，所以大家不愿意进行价格竞争；而且中国法律法规的不健全导致发电环节有着较高的进退壁垒，再加上历史原因造成的电价不一致使中国发电企业的电力产品价格差别化很大。所有这些形成合力，使促进竞争的市场结构改革的效果与预期相差甚远，五大集团纷纷转向"跑马圈地"和发电量的竞争，而非通过提高生产效率、降低成本来竞争。具有自然垄断属性的电网环节本应该发挥规模经济的效益，"厂网分开"后却出现了投资乏力、安全性降低的状况，根本原因在于政府既没有建立输配电价，又缺乏对电网环节的激励，当然不能促使电网环节快速、高效发展。基于中国电力产业的电网脆弱，技术水平低下以及国际经验，本书认为，中国未来的电力产业的纵向市场结构应该要求厂网分开（目前已实现）、输配分开和配售环节有限地分开，即只允许大用户选择供电公司而限制普通用户的选择权。第四章通过六个指标的实证分析提出，中国电力市场结构规制在保证电力安全、配合经济发展、降低企业成本、提高电力资产利用效率和改进生产效率方面发挥了积极的作用，但电力行业总体的成长并非全部来自于规制产生的资源有效配置、企业存在资源的无效率使用和 A－J 效应。原因在于规制在降低成本方面出现滞后和激励不足，使要素投入组合扭曲，造成较高的成本，降低了经济效率和社会福利。上述政府对电力市场结构规制的绩效说明，为了适应新的电力市场结构，重建规制的需求日益突出。本书继续指出，在打破纵向一体化的过程中，由于各个环节的分离，容易出现电价、缺电和各环节协调的风险，所以纵向结构改革要求建立基于风险管理的规制框架。而横向环节的规制目的是促进竞争和激励，所以要求建立基于激励相容的规制框架。

第五、六章为本书促进电力市场结构优化的措施部分。第五章按照纵向各环节的协调要求，设计了交易协调规制、价格协调规制和联网协调规制。第六章按照横向各水平环节促进竞争、激励的要求，设计了进入规制、市场力规制、非对称规制以及激励规制措施。

本书有如下创新：

（1）对电力市场运营和交易模式进行规制的研究成果很多，但基于 SCP 框架、从产业组织结构的视角对电力产业规制进行研究的成果很少。本书认为，中国电力改革的重要本质之一就是电力产业组织结构的再造，研究电力市场结构的规制就是抓住了电力产业改革的一个重点。

（2）电力产业改革可以分为纵向结构和横向结构的再造，本书进一步深化研究，认为纵向结构的重建过程中要重视风险管理，横向结构的重建过程中要重视激励，并从纵横两个方面构造了电力市场结构的风险管理规制框架和激励相容规制框架，具有较强的理论性和实践性。

（3）在分析中国电力产业现状、技术约束条件和借鉴国际经验的基础上，提出了中国电力市场结构目标模式的战略选择，认为中国不能走配售完全分开的模式，应该限制普通用户的选择权。

（4）就中国电力产业的研究现状来说，专门从产业组织理论的角度研究电力产业市场结构的文章是不多的。本书以实证的方式对中国电力产业市场结构各项基本因素进行了较为深入的剖析，以期在中国电力产业的市场结构现状研究方面为后来研究者提供参考和借鉴。

关键词：电力 电力改革 市场结构 规制 激励规制 风险管理

Abstract

For a long time, vertically integrated monopoly has been operating in electricity industry as an organization structure including power generation, transmission, distribution and sale. With the development of electricity industry, such as scale, technology and market, serious defects have exposed in this organization structure which was suitable in certain technical conditions. In monopoly structure with lack of competition, the most outstanding problem was low efficiency because there was not enough force and pressure to the corporations and whole industry to reduce costs, promote technological progress as much as possible. With the new development of natural monopoly theory, it has been recognized that natural monopoly will gradually weaken or even disappear when certain factors change. In the 1990s, supporting by the new theory, the electricity market was reformed by some measures which were put in practice in order to overcome the defects and to smash up this monopoly structure in many countries all over the world. The measure for Chinese electricity industry reform is provided by the international practice: the monopoly can be broken by separating the traditional vertically integrated structure into competitive sectors (power generation and sale) and monopoly sector (power grids). On the same level after separation, the monopoly should be prevented in competitive sectors and the motivation should be pushed in monopoly sector. Therefore, the essence of electricity industry reform is market structure reform. In fact, there are many problems in the market structure reform because of the lag of government regulation, and this dissertation focus on how to rebuild the market structure regulation of electricity industry.

Guided by Marxist economic theory, dialectical materialism and modern Western theory of industrial organization, the dissertation bases on summarized previous studies and uses many research methods together, such as: norm analysis and substantial evidence analysis, qualitative analysis and quantitative analysis, etc.

The basic research way of thinking of this dissertation is: following electricity industry reform clue, it focuses on how to rebuild appropriate regulation under a new structure, and organizes the full text followed as the logic structure: "research background— literature review—theoretical analysis—existed problem research—reason analysis— policy framework—resolve measures".

Firstly, this dissertation summarizes the relevant literature and basic theory about electricity industry market structure regulations, and separates electricity industry market structure into vertical structure and horizontal structure. Vertical structure refers to the relations among power generation, transmission, distribution and sale, such as integration or separation. Horizontal structure refers to the relations among the same level, such as competition or monopoly. Secondly, this dissertation reviews the evolution of electricity industry regulations along Regulation, Deregulation and Regulation rebuilding. Thirdly,

中国电力市场结构规制改革研究

this dissertation gives its option that government regulations should be rebuilt in vertical structure and horizontal structure.

Based on China's specific conditions, this dissertation analyzes Chinese current status in electricity market structure and finds out the future structure. because government regulation has not keep up with the pace of reform, many problems are exposed: in vertical structure, which the power plants are not really separated from networks leads to discriminatory access to power grids; in horizontal structure, high concentration for investors who invests power plants lead to the phenomenon of market power; the high barriers to enter or exit, products differentiation and diseconomy lead to low competition in power generation link; owing to heavy demand, the corporations would rather expand investment to obtain benefit than improve efficiency or reduce costs; as a natural monopolistic link, power grids do not make full use of their advantages based on economic scale, and many problems are occurred such as insufficient investment, lagged construction, poor security, bottleneck phenomenon.

According to the above analysis, this dissertation suggests that risk management regulations framework ought to be implemented in the process of separating vertical structure in order to beware the risk should beware of the risk, and incentive compatible regulations framework ought to be implemented in horizontal structure, because to separate horizontally should pay more attention to motivation. This dissertation also provides specific regulation policies and measures to be put in practice.

There are seven chapters in this dissertation, including the introduction and the text of six chapters, the structure is following as:

The first chapter introduces the writing background, basic ideas, logical structure, writing significance, innovation and faults about this dissertation, reviews the concept of electricity industry market struc-

4

ture and the electricity industry market regulations, and also establishes the starting point and theoretical basis.

The second chapter and third chapter are the theoretical basis of the dissertation. Chapter two introduces the new progress of natural monopoly theory, analyzes the natural monopoly in electricity industry, investigates the vertical structure and the horizontal structure, and studies the regulations about risk management and incentive compatible . Chapter three discusses the details and the discipline of electricity industrial structure reform practicing in USA, UK and Japan, and provides international experience for China.

The fourth chapter and the fifth chapter analyses the current situation. Chapter four displays the status of Chinese electricity industrial structure by abundant data, and concludes all the problems in a word "There is not successful separation in vertical structure, there is not enough competition and motivation in horizontal structure" In vertical structure, power plants are not really separated from power grids. Although the first step of separation was finished by liquidating the assets of "920" "647" million kilowatts in 2007, the competition among various power plants is unfair because the adjustment power station and internal stockholder lead to discriminatory access to power grids, in other words, the separation is not really completed. In horizontal structure, the competition has not fully launched in competitive links. In the one hand, although the concentration of power generation corporations is low, the price competition is not applied because the only investor is the government. In the other hand, unsystematic laws lead to high barriers to enter or exit and the price inconsistency with historical causes leads to great product difference among Chinese power generating corporations. As stated above, the effects of electricity market structure reform is not in accordance with expectations, the first five power generation groups compete in investment and ca-

中国电力市场结构规制改革研究

pacity but do not save cost and inefficiency. The power grids should be benefited by the scale, but weak investment and security are occurred after the separation between power plant and power grids, the fundamental reason is that the government neither established the price of transmission and distribution nor motivates the power grids link, so the power grids can not make rapid and efficient progress. Based on Chinese vulnerable power grids, low levels of technology and international experience, this dissertation considers that in the future the vertical structure should be required as follows: the separation of power plants and power grids, the separation of transmission and distribution, the limited separation of sales (only very important consumer can be allowed to choose power sellers but common users could not). In chapter five, based on substantial evidence analysis with six indicators, this dissertation considers that the regulation in Chinese electricity market structure has played a positive role in developing economic, reducing business costs, increasing utilization rate of power assets and improving productivity. However, the overall growth of the power industry is not entirely provided by the regulation which leads to the effective allocation of resources. The reason is that the regulation has lagged behind in costs reduction and lacked motivation, which resulted in elements investment distortion, higher costs, lower economic efficiency and lower social welfare. In order to adapt to the new electricity market structure, the regulation should be rebuilding. In vertical structure, the reform should establish a regulation framework under risk management because some risks should occur after the separation of various links, such as power price, power shortage and links coordination. In horizontal structure, the reform should establish a regulation framework under incentive compatibility in order to improve competition and motivation.

The sixth chapter and the seventh chapter provided measures to optimize the electricity market structure. In accordance with the coordination requirements of vertical links, chapter six designed trade coordination regulation, price coordination regulation and network coordination regulation. According to the requirements of horizontal links, chapter seven designed enter regulation, market power regulation, asymmetric regulation and motivation regulation to improve competition and motivation.

Innovations as follows:

(1) This dissertation considers that the essence of electricity industry reform is market structure reform and market structure regulation is one of the most important aspects to market structure reform.

(2) About the electricity market reform in vertical structure and in horizontal structure, this dissertation considers that risk should be controlled to rebuild vertical structure and motivation should be promoted to rebuild horizontal structure, meanwhile, risk management regulation framework and incentive compatible regulation structure are provided in this dissertation.

(3) Based on current situation, technical constraint and international experience, this dissertation provides strategic model for Chinese electricity market structure and considers that power distribution can not be separated from power sale completely, and the option of common users should be limited.

(4) This dissertation deeply analyzes the basic influence factors of Chinese electricity market structure by substantial evidence analysis and revealed reference for research workers to analyze the current situation.

Keywords: Electricity, Electricity reform, Market structure, Regulation, Motivation regulation, Risk management.

中国电力市场结构规制改革研究

目 录

中国电力市场结构规制改革研究

0
导　论

0.1 问题的提出和背景

长期以来，电力产业一直实行的是发、输、配、售垂直一体化的垄断的产业组织形式；或由政府垄断经营，或由私人垄断经营，政府严格规制。这是由于电力产业属于自然垄断行业，具有垄断潜力、网络特性、明显的规模经济和范围经济的特点，还具有一定程度的外部性。政府根据电力产业所体现的垄断性和外部性这两种重要的潜在市场失灵形式为依据，对电力产业实行长期的垄断经营和严格规制。同时，电力系统中发、输、配电的设备在物理上联为一体，整个系统的安全稳定运行需要各个环节的紧密配合，采用垂直一体的组织结构似乎是一种很自然的结果。因此，电力工业长期以来在垄断市场结构下发展、壮大和成熟。

电力产业的这种组织结构尽管在一定技术条件下，适应了电力产业发展的内在要求，但随着电力产业规模、技术发展和市场扩大，日益暴露出严重的弊端。其中最突出的问题在于：在垂直一体化的垄断结构下，由于市场竞争的缺乏，厂商与行业缺乏尽可能降低成本、推进技术进步的动力和压力，运营效率低下。20 世纪 90 年代，为了克服垄断带来的种种弊端，世界各国纷纷在电力产业中进行了打破传统电力工业垂直垄断一体化市场结构的措施，通过电力产业的市场化和私有化以及电力产业的重组，实施厂网分开、输电和配电分开，发电企业竞价上网，建立独立的规制体系，强化以公平竞争和产业政策激励为目的规制等改革。在沉寂多年的电力工业，市场化改革一时风起云涌，成为一股不可抗拒的时代洪流。虽然各国的改革方案不尽相同，但改革的核心都是打破垄断，目标都是为了在电力行业引入市场机制来进行资源的优化配置和利用，从而为社会提供更加廉价可靠的电力。

国际电力市场化改革的实践给中国电力改革提供了思路：中国的电力改革可以通过将竞争性环节（发电、售电）与垄断环节（电网）实行分离来打破传统的纵向一体化结构。拆分后的各水平环节中，竞争环节要防止垄断、促进竞争，垄断环节要进行激励。中国电力产业改革的本质就成为市场结构的改革。然而政府规制的滞后导致中国电力市场结构改革出现诸多问题：纵向结构方面，厂网并没有真正分开，导致电网歧视性接入；横向结构方面，发电环节的企业集中度低，但投资者集中，容易出现市场力现象。进退壁垒偏高，产品差别化大，企业规模不经济，导致发电环节竞争不充分，所以各个企业没有激励提高生产效率，降低成本，而转向"跑马圈地"，通过扩大投资来提高效益。电网环节作为具有自然垄断性的环节，没有发挥其规模经济的优势，电网投资不足，建设滞后，安全性差，"卡脖子"现象屡有发生。这些问题都需要重建电力市场结构规制来解决，所以研究电力市场结构规制改革，不仅具有重要的理论意义和学术价值，而且还有重要的应用价值和深远的现实意义。

0.2 电力市场结构规制相关理论文献综述

0.2.1 电力市场结构的文献综述

1. 市场

要深入分析市场结构，需要先把握"市场"在这里的含义。产业组织理论的市场概念不同于一般经济学的市场概念。对后者而言，市场要么是指交易关系的综合，如商品市场、金融市场等；要么是指供需作用机制，如市场价格、市场调节等。而前者则是指"一组特定的企业的集合，'特定'一词的含义是指这些企业生产的产品有较高的替代率。"①

尼德海姆对"市场"的定义是：所谓市场是指一组从事买卖或交易的买卖者，这些买卖者在同一个地域内销售效用可以替代的产品。谢佩德的市场定义则是：市场是一组买者和卖者对特定商品进行的交换与交易。这一特定商品与其他物品的交叉需求弹性很低。弗格森对市场的定义则是：市场是一组企业的集合，这组企业生产的产品在买者看来有紧密的替代弹性。

从以上三人的定义，我们可以看到，把握市场概念的关键是在于替代弹性的度量和确定。市场概念虽然并不复杂，但在市场具体的划分中，特别是具体地确定一种市场的范围，确定某个企业是否归属于一个特定的市场并不是一件容易的事。所以，在产业经济学科的研究中，市场范围的确定是非常重要的。因为这不但直接影响到市场集中度的高低，还影响到对一个产业垄断程度的判断。

2. 市场结构

市场结构的概念一方面源于张伯伦等人的垄断竞争理论，一方面基于贝恩的产业组织理论。

张伯伦本人并没有直接定义"市场结构"这一概念，市场结构是从张伯伦等人的垄断竞争理论中引申出来的。他把市场结构归纳成市场上垄断和竞争的关系，按竞争垄断程度将市场形态划分为完全竞争、垄断竞争、寡头垄断和完全垄断四种类型。这就成为人们划分市场结构的基础。国内一些学者也从这

---

① 马建堂. 市场结构与企业行为——现代产业组织理论研究评述 [J]. 南京社会科学，1992 (3)：36－41.

个角度来理解和规定市场结构涵义。如马建堂①指出："所谓市场结构是指特定的市场中，企业间在数量、份额、规模上的关系，以及由此决定的竞争形式。"王俊豪②认为："市场结构主要是指市场主体（企业）的构成及其相互关系，它在很大程度上决定市场竞争或垄断程度。"毛林根③也指出："市场结构是指产业内企业的市场联系特征，即构成产业市场的卖者（企业）之间、买者之间以及卖者和买者之间的商品交易关系的地位和特征。市场结构是决定竞争和垄断程度的基本因素。"

现代产业组织理论的开创者贝恩将市场结构作为产业组织理论研究的中心内容，对市场结构的解释有所拓展。他通过考察同一产业（市场）中不同企业之间的关系及其决定因素来研究市场结构。他将市场结构最突出的特征归纳为四点：卖方集中度、买方集中度、产品差别程度和进入壁垒的状况。其中，贝恩认为卖方集中度与进入壁垒状况是最为重要的两个因素。在以后的产业组织理论研究中，多数学者关于市场结构的概念都基本上与此吻合，只不过在其包括的决定因素方面有所差别。如新产业组织理论的代表人物泰勒尔（Tirole）④就将市场结构理解为："市场结构，即规定构成市场的卖者（企业）相互之间、买者之间以及卖者与买者集团之间等诸关系的因素及其特征。而决定市场结构的主要因素有：集中（包括卖者集中和买者集中）；产品的差别化；新企业的进入壁垒。"我国学者在介绍西方产业组织理论的同时，对其市场结构概念也给予基本认

① 马建堂. 结构与行为——中国产业组织研究 [M]. 北京：中国人民大学出版社，1993：35、36.
② 王俊豪. 市场结构与有效竞争 [M]. 北京：人民出版社，1995：2.
③ 毛林根. 结构、行为、效果——中国工业产业组织研究 [M]. 上海：上海人民出版社，1996：40.
④ 泰勒尔. 产业组织理论 [M]. 北京：中国人民大学出版社，1997：1.

同，如杨治①完全认可泰勒尔的定义。刘志彪②也认为："市场结构是指产业市场内卖方之间、买方之间、买卖双方集团之间以及已有的卖方（或买方）与潜在进入的卖方（或买方）之间关系的状况及其特征。反映市场结构状况的概念和指标有：市场集中度、产品差别、进入壁垒、市场需求增长率、市场需求的价格弹性等，其中最为主要的是前三者。"

由上述分析可以看出，学者们对市场结构概念的界定是比较一致，认为市场结构是反映市场竞争与垄断关系的概念，它包括集中度、规模经济、产品差别化和进退壁垒等几个基本的要素。

3. 电力市场结构

对于"电力市场结构"的含义，美国联邦能源规制委员会主席 B. Tenenbaum③ 等人于 1992 年发表了《电力私有化——结构、竞争和规制的选择》一文，该文成为早期研究电力市场结构模式问题最重要的文献之一。他们在该文中提出了电力市场的四种结构，传统的发、输、配电纵向一体化结构，拥有独立发电的结构，提供输电服务的结构和发、输、配电完全分离并在零售引入竞争的结构，详细分析了每种结构所产生的竞争和规制行为，明确指出电力市场改革就是要转变市场结构，而转变市场结构的核心是电力产业的结构重组。而电力产业的结构重组首先需要改革的是产业组织结构和规制结构。由以上论述我们可以看出 B. Tenenbaum 对电力市场结构的讨论是建立在西方现代产业组织理论基础上的。

A. Verbruggen 根据欧洲几个国家在电力市场改革方面的实

① 杨治. 产业经济学导论 [M]. 北京：中国人民大学出版社, 1985：141、142.

② 刘志彪. 产业经济学 [M]. 南京：南京大学出版社, 1996：174.

③ B Tenenbaum, R Lock, J Barker. Electricity Privatization：Structural, Competitive and Regulatory Options [J]. Energy Policy, 1992, 20（12）：1134－1160

践，提出了一个适用于欧洲共同电力市场的标准（Normative）结构模式①。A. Verbruggen 的电力市场标准结构模式比 B. Tenenbaum 的电力市场结构定义更宽泛，不仅包括了电力市场结构、企业组织结构，还包括了电力市场交易结构和运营、规制机构。A. Verbruggen 的电力市场标准结构模式的主要特点有 8 个：①发、输、配电彻底分离；②输电网络完全开放，在建设电厂和上网发电两个环节上进行招投标竞争；③控制中心类似于电力经纪人，被指定为唯一的网络运行者，拥有且支配输电网；④发电者只能卖电给电网，而消费者只能从电网买电，不允许第三方进入；⑤只有大的发电者和消费者直接与电网交易，其余的只能同配电部门交易；⑥大的消费者拥有共同的价格结构，其定价方法基于电力供给的短期边际成本；⑦配电部门最好是拥有多种功能（供电、供气、供水等）的公共公司，这有利于兼顾范围经济；⑧要求具有欧洲统一的规制机构来规制电网以及各国或地区的规制机构来规制配电公司。Verbruggen 认为这一结构模式充分考虑了欧洲各国电力市场的现状和竞争、规制、环境等方面的因素，合理地兼顾了各利益集团的利益关系，比较适合于欧洲电力市场。

对于"电力市场结构"概念，国内学者有不同的定义，归纳起来主要有四种观点：

（1）电力市场结构是一个综合性概念。余化良②认为电力市场结构是指"电源结构、电网结构、用电结构、电力资产结构"。这一观点将电力市场结构看做一个由电力能源结构、组织

---

① A Verbruggen. A Normative Structure for the European Electricity Market [J]. Energy Policy, 1997, 25（3）: 281–292

② 余化良. 电力市场结构及运行绩效分析 [J]. 中国电业, 2000（10）: 24、25.

结构、产权结构等构成的综合性概念。赵晓丽[1]为了研究"电力市场结构"与"有效竞争"的关系，将电力市场结构的含义界定为电力市场能源结构、电力市场组织结构以及电力市场交易结构。阙光辉[2]的电力市场结构的范畴不仅包括电力市场组织结构，还包括电力市场的交易模式以及公司的治理结构。

（2）电力市场结构包括电力市场交易模式，例如电力库、英国电力市场新的电力交易形式，以及市场有关主体——发电商 G、发电经纪商 PM、电能交易中心 PX、独立系统操作员 ISO、辅助服务供应商 AS、电网拥有者 TO、计划协调者 SC、零售商 R、配售商 D 相互间的关联关系等。持这一观点的比较多。正如屠三益[3]所指出的："这些有关主体是否存在电力交易以及它与独立运营人的关系是判别这些市场结构模式之间差异的重要标志"。

（3）电力市场结构是指电力市场的产权制度安排。例如，有的学者指出[4]，"英国的电力市场是将垄断的电力行业全面放松规制、引入竞争形成的，而美国电力市场的改革是在全面私有化的基础上进行的，它们是最有代表性的电力市场结构模式"。

（4）以西方现代产业组织理论为基础对电力市场结构进行定义。如刘振秋[5]、唐庆博等。唐庆博等[6]讨论了研究电力市场

① 赵晓丽. 电力市场结构与有效竞争 [J]. 产业经济研究，2000 (3)：1-18, 53.
② 阙光辉. 中国电力市场结构的战略选择 [J]. 电力技术经济，2004 (2)：31-34.
③ 屠三益，李昭阳. 国际电力市场结构浅说 [J]. 供用电，1999 (12)：53-55.
④ 杜松怀，侯志俭. 电力市场结构模式及运营的最新进展 [J]. 华东电力，2001, 29 (6)：48-52.
⑤ 刘振秋. 市场结构与价格规制研究——兼论电力市场结构与电价改革 [J]. 价格理论与实践，1999 (12)：30-33.
⑥ 唐庆博，刘小东，周渝慧. 我国电力市场结构初探 [J]. 华东经济管理，2003 (4)：24-26.

结构的若干手段和方法，引入了动态市场集中度的概念，提出了电力产品也能够差别化的观点，并初步探讨了我国电力市场结构的大体框架。在研究方法上提出了动态市场集中度的观点，能很好地解释在电力阻塞时，小机组也能操纵市场的原因，但总地来说其研究过程过于简单。

还有很多文献认为以产业组织理论为基础的"电力市场结构"概念是从属于"电力市场模式"的二级概念。正如刘夏清[1]在其博士论文中所指出的：电力市场模式内涵比较丰富，它包括电力市场结构、企业组织结构、企业协调与竞争方式等多方面的内容，其中电力市场结构是电力市场结构模式的核心。任丽[2]指出："电力市场模式是电力市场的一个核心问题，它包括了电力市场方方面面的解决方案。一般说来，它的研究范围有：组织结构和产权形式；交易模式和定价方法；电网电源规划；电力市场规制；市场整体结构。"刘秋华[3]认为不同的电力市场模式有不同的市场结构，比如"配电网开放模式在实际中有两种具体的市场结构"。这里的市场结构概念就是从属于电力市场模式的二级概念。

综观上述文献，笔者认为，对"电力市场结构"的定义源于研究角度和研究内容不同，没有孰对孰错之分。根据本书实际，书中的电力市场结构概念是指电力产业的发、输、配、售四个环节相互的纵向交易关系和同环节企业之间的横向组织关系；具体说来，是指电力产业四个环节是一体化还是分离，是行政垄断还是市场交易关系，以及电力产业同水平环节企业之间是竞争还是垄断的关系。

① 刘夏清. 中国电力市场模式选择与电网企业战略重组研究 [D]. 长沙：湖南大学，2003.
② 任丽. 电力市场模式探讨及动态行为分析 [D]. 武汉：华中科技大学.
③ 刘秋华，韩愈. 电力市场运营模式与市场结构研究 [J]. 商业研究，2006，13：122-124.

0.2.2　电力市场规制的文献综述

国内外对电力市场规制的研究成果是沿着放松规制、重建规制的线路进行的。

1. 对电力产业放松规制的研究文献综述

针对电力产业放松规制的研究在 20 世纪 80 代末才开始逐渐增多。W. B. Tye [1]对电力产业中发电、输电和配电的功能和组织形式进行了分析，认为在现有技术条件下上述功能并不是不可分的，提出了放松规制、允许发电进行竞争的思路。K. Rose[2] 结合美国电力市场实际对基于生产与服务成本的传统方式、基于社会成本和外部性的计划方式和基于市场机制的市场方式的三种规制方式进行了研究和分析，指出了各种方式的特点，论证了电力市场放松规制、逐步走向自由化的趋势，为放松电力市场规制提供了某些依据。P. Richard[3] 等认为发电领域的自然垄断已不复存在，对它的规制应逐步取消；输电领域存在着部分竞争、部分协作的网络寡头垄断，对它的规制不能仅限于防止电网公司利用市场力量去获取超额利润，而是既要利用存在于网络中的竞争力量，又要确保必要的公司间合作以达到效率的实现；配电领域虽然仍存在自然垄断，但对它的规制也要采取激励性规制。C. J. Andrens[4] 对放松规制可能给电力系

---

① W B Tye. Competitive Access: A Competitive Industry Approach to the Essential Facility Doctrine [J]. Energy Law Journal, 1987, 8 (3): 337 - 379.

② K Rose. Planning versus Competition and Incentives: Conflicts, Complements, or Evolution? Regulation Regional Power System [M]. London: Quorum Books. 1995: 79 - 97.

③ P Richard, O Neill, C S Whitmore. Network Oligopoly— Regulation: An Approach to Electric Federalism. Regultion Regional Power System [M]. London: Quorum Books. 1995: 99 - 123.

④ C J Andrens. Regulatory Reform and Risk Management in the US Electricity Sector [J]. Energy Policy, 1995, 23 (10): 885 - 892.

统带来的风险进行了研究。Berg（2000）提出电力技术、电力需求、信息的获取以及所有权等四个方面的基础条件决定了规制。这些基础条件的变化导致了政策决定者改变规则，以便于在发电环节引入竞争。E. Hazam[1]、P. Kemezis[2]、M. Eby[3] 等人针对电力市场规制理念和认识的转变以及放松规制全球化的趋势进行了分析。植草益[4]认为，"这种伴随技术革新进展的放松规制，不仅在电气、通信产业，而且在其他自然垄断领域，今后都很有可能实施……在发电领域中，分散型发电业已普及，大型发电也不能发挥出以往那种规模的经济性。英国电气事业中的国有民营化与放松规制的成果将成为试金石"。他还预言，"对整个能源产业放松规制的问题将成为今后的重要课题"。此外还有一些关于各国电力市场规制与放松规制实践的研究。Joskow 和 Rose [5]研究了规制放松后的产业绩效，认为放松规制之后由于竞争的引入，电力公用事业公司采用新型技术的速度发生了重要的变化，这使得整个发电设备的成本显著降低。

国内学者的研究有：门建辉[6]在《自然垄断行业放松规制的理论分析》中指出，由于信息和自动化技术的迅速发展，已经使电力网络的调度协调能力有了飞跃性突破，让电网与发电厂

---

① E Hazam. Power Marketing Focus Shifts [J]. Transmission & Distribution World, 1996, 48 (1): 62 -69.
② P Kemezia. Gobaliaztion of Electricity Market [J]. Electrical World, 1996, 210 (1): 33 -44.
③ M Eby. Old Rules no Longer Apply [J]. Transmission & Distribution World, 1996, 48 (1): 20 -36.
④ 植草益. 微观规制经济学 [M]. 朱绍文, 胡欣欣, 译. 北京: 中国发展出版社, 1992: 10.
⑤ Paul L Joskow, Nancy L Rose. The Effects of Technological Change , Experience and Environmental Regulation on the Construction Costs of Coal - Burning Generation Units [J]. the Rand Journal of Economics, 1985, 16 (1): 1 -27.
⑥ 门建辉. 自然垄断行业放松规制的理论分析 [J]. 南京社会科学, 1999 (3): 34 -39.

之间的高度协调性从技术上有了保证，从而为电力产业各环节独立经营创造了条件，也就是为政府放松规制创造了条件。马斌[①]在《世界电力行业政府规制变革及启示》中介绍了世界电力行业政府规制变革的趋势，说明了电力行业接受规制和走向自由化的原因，分析了我国电力行业政府规制的现状及启示。上述电力产业规制问题的研究成果为电力市场放松规制提供了依据，使人们确信放松规制是电力市场的发展方向。然而放松规制并不是取消规制，关键是要合理地确定新的规制方式。在2003年8月14日美加大停电风波后，在短短的一个多月，全球范围发生五六次大停电，引起了全世界和中国许多学者的关注，其问题集中在电力规制、电网调度、电源电网建设等方面。美国经济学家保罗·克鲁格曼在《纽约时报》认定"8·14"大停电的主要原因是全美电网投资不足、老化失修。文章直截了当地说，电网被忽视的根源是"基于信念的放松规制"。所谓的信念，是指自由市场的信念。不过克鲁格曼没有明确提出要加强规制，而中国国内的一篇评论则尖锐地提出，取消电力规制的理论是失败的。另一篇评论认为，市场并非永远正确，反垄断不能把市场机制与政府规制割裂开来。在电力等特殊行业，政府的作用将是不可替代的。而美国加图研究院、米塞斯研究所等机构的专家提出，过去的放松规制只放松了发电，未放松电网，用《经济学人》周刊8月21日社论中的话说，美国的放松规制"是锅夹生饭，是半心半意的"。这意指美国的电力实行竞价上网，却只管住了终端电价，一半放松，一半规制。2002年诺贝尔经济学奖得主、试验经济学的创造人弗农·史密斯经过一番研究后认为，大停电问题出在市场化改革方案考虑不周上；从某种程度上说，要放松规制，创造出市场，不是政府一撒了之；

---

① 马斌. 世界电力行业政府规制变革及启示 [J]. 中国工业经济, 1999 (4): 38、39.

相反，需要谨慎和明智的设计，其关键在于设计出一种恰当而灵敏的价格形成机制。所以，由于电力产业的特别结构，可以被分为自然垄断部分和可竞争部分，这两个属性差异很大的部分又必须保持紧密的协调，这就使得规制放松与再规制将永远是电力产业规制体系演进的主旋律。因此电力产业规制改革的目标是确定一种新的合理的规制方式来构建一个适度竞争的电力市场。

2. 关于电力产业规制内容的文献综述

按照电力发、输、配、售生产流程的划分，电力规制研究的主要内容可以分为对发电环节的规制和对输、配电环节的规制，因此国内外文献中关于电力产业规制的内容也就大多都集中在对发电商市场力规制和激励规制的设计方面。

（1）发电商市场力规制

总结目前国内外对市场力问题的研究成果，主要集中在以下几个方面：

①对于市场力基本概念的定义和理解，包括市场力的定义、成因以及影响因素等。

林济铿①给出的市场力定义为：市场力是指某产品或服务的提供者能够持续地影响或操纵市场价格，使之一直高于完全竞争情况下的市场价格的能力。该定义强调了操纵价格是行使市场力的主要手段，使价格高于正常竞争情况下的市场价格从而获得超额利润是行使市场力的主要目的。井志忠②也同样持上述意见，指出：市场力是指供应企业在较长的时间内，使市场价格显著高于竞争条件下的价格水平的能力。

夏清等③总结了发电厂使用市场力控制市场的主要方法：通

---

① 林济铿，倪以信，吴复立. 电力市场中的市场力评述 [J]. 电网技术，2002，26（11）：70、71.

② 井志忠. 自然垄断行业市场化改革后市场操纵力与竞争效率研究 [J]. 经济纵横，2005，11（9）：18 - 20.

③ 夏清，黎灿兵，江健健，康重庆，沈瑜. 国外电力市场的监管方法、指标与手段 [J]. 电网技术，2003，27（3）：1 - 4.

过缩减供给量，控制供需关系，从而达到控制市场价格的目的。缩减供给量有两种基本方法：一种称为经济缩减，申报过高的价格故意不中标，导致市场供给紧张；一种称为物理缩减，故意隐瞒可用容量。

张渝 ①在文献中分析了发电商市场力的成因，主要包括垄断性市场份额、输电阻塞以及持留。其中输电阻塞造成市场力是由电力系统本身特性决定的，是电力市场所特有的。影响发电商市场力的主要因素包括两方面：市场结构和输电网阻塞。其中，市场结构因素又包括市场的组织形式、定价原则以及规则和政策。市场结构对发电商市场力的影响是长期有效的，直到改动或取消为止。相比之下，输电网阻塞造成的发电商市场力是短期的，因为根据电网安全运行的原则，阻塞不可能长期存在。总之，目前对市场力问题的基本概念比较统一，国内外研究人员普遍认同上述概念和观点。

②对发电商市场力的度量指标，是市场力问题研究的核心，相关的研究成果也较多。

在已有的电力规制研究与规制工作中，已经提出了相当多的度量指标。其中研究最深入的两个指标是 HHI 指数和 Lerner 指数，并得到了广泛应用，如美国新英格兰 ISO、纽约 ISO、加州 ISO 都采用了这两个指标②③④。

① 张渝. 发电市场的市场力分析及其规制研究 [D]. 重庆：重庆大学，2004.

② 辛洁晴，言茂松. 电力相关市场及其集中度指标评定 [J]. 电力系统自动化，2002，26：7 - 12.

③ De Mello Honorio L, De Souza A C Z, De Lima J W M, Torres G L, Alvarado F. Exercising Reactive Market Power Through Sensitivity Studies and HHI [C]. presented at Power Engineering Society Winter Meeting, 2002, 1：447 - 451.

④ Borenstein S, Bushnell J, Knittel C R. Market Power in Electricity Markets：Beyond Concentration Measures [DB/OL]. http：//www. ucei. berkeley. edu/ ucei/ bushnell/ pwp059r. pdf, 1999.

Gan① 分析了 HHI 不能反映区域性市场力的原因：电力不能像普通商品一样自由流动。因此 HHI 指标在电力规制中的应用受到一定的限制，需要适当的改进。一些文献已经在这方面进行了一些研究。James Bushnell 和 Celeste Saravia 博士②提出了一种竞争条件下市场运营情况的新模拟方法，通过市场模拟计算 Lerner 指数，并对美国新英格兰区域市场的运行情况进行了评估，对市场力的成因、动用市场力的方法、表现等进行了深入分析，获得了令人信服的 Lerner 指数的估计值。然而 Lerner 指数存在两个方面的问题：一是很难估计企业真实的边际成本，这是企业的商业秘密；二是发电的边际成本低于平均成本，完全竞争是不现实的。在 Poonsaeng③ 的文献中，探讨了电力市场中市场力评估的复杂性，在考虑机组的开停机成本的基础上，评估出如果价格机制中不单独支付发电厂开停机成本，发电厂面临的风险增加，以及发电厂为规避该风险将采用的策略。除了上述指标外，还有文献④介绍了考虑市场供需情况的 RSI 指标。Jian Yang⑤ 提出了综合 5 个因素的综合指标 JYMMI。

国内一些学者为建立市场力的评估指标体系也做了大量的、

---

① Gan D, Bouncier D V. Locational Market Power Screening and Congestion Management: Experience and Suggestions [J]. IEEE Trans. Power Systems, 2002, 2 (17): 180 - 185.

② ISO New England Inc. Annual Market Report May 2001 - April 2002 [DB/OL]. 2002, 9 (12). http: //www. iso - ne. com/smd/market_analysis_ and_ reports/annual report_and_public_forum/2002/.

③ Poonsaeng Visudhiphan , Marija D. Ilic, Mrdjan Mladjan. On the Complexity of Market Power Assessment in the Electricity Spot Markets [C]. Presented at Power Engineering Society Winter meeting, 2002, 1: 440 - 446.

④ Rahimi A F, Sheffrin A Y. Effective Market Monitoring in Deregulated Electricity Markets [J]. IEEE Transaction on Power Systems, 2003, 18 (2): 486 - 493.

⑤ Jian Yang. A Market Monitoring System for the Open Electricity Markets [C]. Power Engineering Society Summer Meeting, 2001, 1: 235 - 240.

富有成效的工作。比如，刘敦楠①研究了市场规制指标体系及市场评价体系，系统地介绍了市场供需、市场结构、竞标策略、供应者地位及交易结果等5类市场规制指标的定义、含义和应用方法。

③发电商市场力规制问题

研究发电商市场力问题的根本目的是对市场力进行有效的规制，降低发电商市场力，维护市场的正常运行。大量外国文献还分别分析了几种限制动用市场力的措施②③④。

夏清等⑤提出，市场力规制问题分为以下三个层次：第一，发电商是否具有市场力以及市场力的大小；第二，发电商是否行使了市场力；第三，发电商行使市场力对市场运行的危害程度。根据以上划分，得出判断发电商是否行使市场力的方法：分析发电商的市场行为使价格背离完全竞争条件下的程度。判断发电商利用市场力的危害程度的方法是：分析市场价格是否发生畸形以及畸形的程度。本书认为，上述划分方法忽视了规制的另一个方面，即如何有效地抑制发电商的市场力。

国家电力调度通信中心的文献在提出对市场力划分的方法同时强调了如何监视发电商行使市场力，即监管中的"监视"功能；但此文献仍然同夏清的研究一样，忽略了监管中的"管

---

① 刘敦楠，李瑞庆，陈雪青，何光宇，周双喜. 电力市场监管指标及市场评价体系［C］. 电力系统自动化，2004，28（9）：16-31.

② （California）ISO Department of Market Analysis（DMA）. Price Volatility Limit Mechanism（PVLM）Issues and Options［R］. July，28，1999.

③ Jeffrey Williams. Price-move Limits in Commodities and Futures Exchanges，and their Relevance to the California ISO Markets. Department of Agricultural and Resource Economics，University of California at Davis［R］. July 28，1999.

④ Office of Electricity Regulation（OFFER）. Review of Electricity Trading Arrangements Background Paper s2，Electricity Trading Arrangements in Other Countries［R］. February 1998.

⑤ Office of Electricity Regulation（OFFER）. Review of Electricity Trading Arrangements Background Paper s2，Electricity Trading Arrangements in Other Countries［R］. February 1998.

理"功能。该文献提出对发电商市场力进行有效规制必须依据规制指标，现行的规制指标包括：电价指标和容量规制指标。主要的规制手段包括罚款、信息披露、调整市场价格、修改市场规则、法律诉讼等。降低发电商市场力的根本方法是采取措施抑制发电商市场力，主要包括限制发电商的市场份额、提高市场的开放程度、完善交易规则、需求侧引入竞争、差价合同、加强电网建设等方法。① 总之，对于发电商市场力规制问题已经引起众多学者的注意，相关的研究还在不断深入。

（2）激励相容机制

激励相容的机制设计理论起源于契约理论。在经济活动中广泛存在的信息不对称的基础上，建立委托—代理模型，假定委托人和代理人的目的都是在约束条件下实现个人利益的最大化。由于代理人的目标函数与委托人的目标函数不一致，在信息不对称的情况下，代理人可能出现偏离委托人目标函数的行为。而委托人受制于不对称的信息，无法进行有效监督与约束，从而出现代理人损害委托人利益的情况②③。激励相容的机制设计就是基于上述研究产生的。因此，激励相容的机制设计理论，基本应用于信息不对称的情况下，委托人对代理人设定奖惩制度，激励代理人提高效率、披露真实信息。目前关于激励相容的机制设计的研究，还局限于委托人和代理人两个博弈者的结构，机制的设定者为委托人，即机制设计者为一个规制（或委托对象）设计机制。该机制的参与者只有一个代理人，当有多个代理人时，假设代理人之间的策略是不相互影响的。

① 国家电力调度通信中心. 美国电力市场与调度运行［M］. 北京：中国电力出版社，2002.

② Drew Fudenberg，Jean Tirole. 博弈论（Game Theory）［M］. 北京：中国人民大学出版社，1996：215－222.

③ 方勇，李渝曾. 电力市场中激励性可中断负荷合同的建模与实施研究［J］. 电网技术，2004，28（17）：41－46.

直接采用激励相容机制对电力工业中某些问题进行了研究的文献如下：彭海真①研究了电力市场中激励性可中断负荷合同的建模与实施，提出了一种激励相容的可中断负荷管理模型，引导用户披露真实缺电成本。文献②研究了激励相容的需求侧管理，并对不同电价机制下的情况进行了分析。王先甲等③研究了双边拍卖机制的意义，并建立了激励相容的双边拍卖机制。

以上论述说明，激励相容的机制设计在电力规制中的意义已经得到充分认识，激励相容的机制设计和评估方法在电力工业的某些方面得到了应用。但是，激励相容的机制设计方法本身的实用性还有待提高，在应用过程中需要结合具体问题的特点，作大量假设和简化以便分析电力规制机制中相对简单的问题。

（3）风险规制

关于自然垄断产业的风险规制问题，目前已经引起西方规制者和学者的重视。欧盟委员会意识到，1996 年到 2003 年颁布的关于加快欧洲电力和天然气供应自由化进程的两代指令都侧重于实现电力和天然气供应的自由化，进而降低其价格，忽略了能源供应的另一目标——安全性。目前，欧盟委员会已针对能源供应的风险与安全问题，提出了颁布第三代指令的建议，该建议涉及能源设施的建设、维护、监管等问题。库勒④针对欧洲能源自由化改革中的问题，认为能源供应的安全性应包括能源供应的稳定性和能源设施的技术安全性两层含义。但迄今为

---

① 彭海真，任荣明. 论监督背景下的不对称信息规制机制 [J]. 经济评论，2003，24（5）：36 - 39.

② Fahrioglu M, Alvarado F L. Designing Incentive Compatible Contracts for Effective Demand Management Power Systems [J]. IEEE Transactions, 2000, 15 (4): 1255 - 1260.

③ 王先甲，殷红. 一种激励相容的电力市场双边拍卖机制 [J]. 电力系统自动化，2004，28（18）：7 - 18.

④ 库勒. 论欧洲电力及天然气供应的自由化 [J]. http：//202. 119. 40. 115/keyandongtai/，2004.

止，西方经济学界对自然垄断产业的风险规制尚未给出系统的理论回答。

由于日益显现的风险规制的迫切需要，直接针对电力市场风险规制已经有了许多的研究文献。《Risk and Risk Management in Electricity Markets：a Primer》[①] 是一篇对电力市场风险全面论述的文献，文中详细分类阐述了电力市场中的各种风险，并提出了进行风险管理的技术方法，如电力金融衍生产品和保险。R. Dahlgren 等[②]将电力市场风险管理方面的文献大致归为七类：一般风险评估概念、竞价决策、电价预测、套期保值方法、电源规划、市场分析以及市场运行。M. Demon[③] 按照时间的长短，将电力市场中"资产运营商（Asset operators）"，也即发电商所面临的风险按照时间的跨度分为三种：短期的运营/收入风险（operational/earnings risks）（少于一个月）；中期的交易/金融风险（trading/financial risks）（一个月至一年）；长期的资产评估/股权风险（asset valuation/equity risks）（大于一年），并相应地提出了实物期权模型、VaR 及相关的 EaR、CFAR 以及资产组合模型进行风险管理。E. Tanlapco 和 J. Lawarree 等[④]的文献是关于电力市场风险管理的一篇指南类文献，提出必须对电力企业的经营风险进行量化。作为电力市场风险管理早期比较全面的文献，M. V. F. Pereira 等[⑤]在该文献中重点讨论了两方面内容：

① EEI's Alliance of Eenergy Suppliers. Risk and Risk Management in Electricity Markets：a Primer [J/OL]. http：//www. eei. ors/industry issues/finance and accounting/finance/restoring investor confidence/Risk and Risk Management. pdf.

② R Dahlgren, C C Liu, J Lawarree. Risk Assessment in Energy Trading [J]. IEEE Trans . Power Systems, 2003, 18（3）：503－511.

③ M Demon, A Palmer, R Masiello. Managing Market Risk in Energy [J]. IEEE Trans. Power System, 2003, 18（2）：494－502.

④ E Tanlapco, J Lawarree, C C. Liu Hedging with Futures Contracts in a Deregulated Electricity Industry [J]. IEEE Trans. Power System, 2002, 17（3）：577－582.

⑤ M V F Pereira, M F McCoy, H M Merrill. Managing Risk in the New Power Business [J]. IEEE Compute. Power, 2000, 13（4）：18－24.

电源规划与系统运行。给出了一些重要的风险计量概念和定义。

国内的学者中，樊铁钢[①]全面提出了电力市场风险管理的意义与分类；汤海涵等[②]详细列举了电力市场中存在的六大风险，分别为市场力、缺电、电价、信息、系统和市场规则、法律风险；石涛[③]认为引发电力规制风险的因素很多，但总地来看，主要集中在规制本身、市场、政府规制行为不规范这三个方面，并分析了上述三方面所引发的规制风险产生的原因，但仅限于定性讨论。赖业宁、薛禹胜[④]等提出必须建立既能反映物理规律，又能反映经济规律的数学模型，并将技术经济学和数量经济学相结合，以风险的观点来处理电力系统物理稳定性及经济稳定性问题。探讨了电力系统稳定性和电力市场稳定性的新变化，提出了计及风险的电力市场稳定量化分析方法。将风险指标定义为事故概率与事故后果的乘积，反映风险事故损失的数学期望值。针对电力市场中各方成员如何测量风险并进行决策的问题，孙燕萍[⑤]在文献中提出了三种定量决策方法——决策表方法、风险价值（VaR）方法效用函数法，并分析比较了三种方法的优缺点。刘敏[⑥]等借鉴金融界广泛采用的风险管理方法，针对现有电力市场中各种交易途径及相应的风险，提出了一个用于发电公司电力交易的分层的风险管理框架。该框架包括目

---

① 樊铁钢，张勇传. 电力市场中的风险管理 [J]. 中国电力，2000，33（11）：47－49.

② 汤海涵，林海峰，周浩. 电力市场风险分析 [J]. 中国电力企业管理，2002（7）：16－17.

③ 石涛. 自然垄断产业规制改革过程中的风险研究 [J]. 经济问题，2008（2）：37－39.

④ 赖业宁，薛禹胜，王海风. 电力市场稳定性及其风险管理 [J]. 电力系统自动化，2003，12（27）：18－24.

⑤ 孙燕萍，卢国良，张粒子. 电力市场中的定量决策方法 [J]. 中国电力，2003，36（12）：53－56.

⑥ 刘敏，吴复立. 电力市场环境下发电公司风险管理框架 [J]. 电力系统自动化，2004，28（13）：1－5.

标及条件确认、风险控制和风险评估 3 个方面。其中，风险控制应用了风险规避及现代投资组合理论，风险评估采用 VaR（Value at risk）方法。

3. 关于电力产业规制绩效的文献综述

（1）国外研究成果

对于世界电力产业市场结构改革绩效的分析，Zelner 等①和 Bacon 等②提出了政治和制度变量在决定改革步伐和新增投资中具有重要影响。Bortolotti 等③总结为：私有化形成了竞争性的市场结构，有效的规制是电力产业私有化的一个关键的制度变量，因为它加速了成功的私有化并影响私有化的过程。Steiner④用 19 个 DECD 国家电力产业 1987—1996 年的面板数据检验了垂直分解、引入竞争和私有化等规制改革的影响，得出的主要结论是：电力改革收益（电价下降）主要被产业消费者获取，产业消费者对居民消费者的交叉补贴下降，规制改革伴随着发电容量的利用率提高。Plane⑤在一个电力公司私有化的个案分析中，发现私有化与电力价格降低和服务质量提高并不显著相关。Delfino⑥通过对拉丁美洲的电力市场化和私有化改革绩效的研究

① Zelner B A, Henisz W J. Political Institutions, Interest Group Competition and Infrastructure Investment in the Electricity Utility Industry: A Cross - National Study [R]. Working Paper, Reginald H. Jones Center, Wharton School, University of Pennsylvania 2000.

② Bacon R W, Besant - Jones J. Global Electric Power Reform: Privatization and Liberalization of the Electric Power Industry in Developing Countries [J]. Annual Reviews Energy&the Environment, 2001 (26)

③ Bortolotti B, Fantini M, Siniscalco D. Regulation and Privatization: The Case of Electricity [R]. Working Papers. Milan: FEEM, 1999.

④ Steiner F. Regulation. Industry Structure and Performance in the Electricity Supply industry, Economics Department [R]. Working Papers, 2000.

⑤ Plane P. Privatization, Technical Efficiency and Welfare Consequences: The Case of the Cote d'Ivoire Electricity company (CIE) [J]. World Development, 1999.

⑥ Delfino J A, Caserin A A. Discussion Papers : The Reform of the Utilities Sector in Argentina [R]. World Institute for Development Economics Research, 2001, 9.

发现，改革提高了效率，特别是劳动生产率、容量利用率和总体的社会福利，并伴随着损耗的降低。Zhang 等①用 51 个发展中国家 1985—2001 年发电产业的面板数据进行了计量分析，结果表明，在提高发电产业经济绩效方面，竞争比私有化更加重要。Estache 等（2004）用数据包络分析和随机成本前沿模型对 84个南美电力公用事业企业 1994—2001 年的效率进行了比较，但他们并没有将竞争、规制和私有化的影响分开考虑。Yinfang Zhang 等（2005）用 25 个发展中国家 1985—2001 年发电产业的面板数据考察了规制改革的顺序对改革绩效的影响。他们的研究发现，在私有化之前建立独立的规制机构并引入竞争的国家获得了更好的改革绩效，即采取这样的改革顺序的国家其发电容量、发电量有更大的提高，资本的利用率也更高。

来自实验经济学的证据（Bakerman 等，1997）表明，电力市场需求侧和供给侧双向的竞价比供给侧单向竞价竞出的均衡价格更低。这表明需求侧与供给侧同时市场化将比只有供给侧的市场化使得电力市场更富竞争性。

（2）国内研究成果

在国内对电力产业改革绩效的实证研究方面，唐要家②根据中国电力 1985—2001 年的各类数据对规制效果进行经验分析，发现我国的电力市场结构规制改革在实现电力供给的迅速增长和动态生产效率的改进上相对成功，但在价格水平与价格结构、防止垄断利润、降低运营成本和提高资本利用效率上却没有实现效率目标要求。

① Zhang Y, Parker D, Kirkpatrick C. Electricity Sector Reform in Developing Countries: An Econometric Assessment of the Effects of Privalization, Competition and Regulation [R]. Working Papers, The Centre on Regulation and Competition, University of Manchester, Manchester. 2002.
② 唐要家. 中国工业产业绩效影响因素的实证分析 [J]. 中国经济问题，2004 (4): 28-36.

干春晖、吴一平①利用中国电力 1979—2002 年的数据计量检验了规制分权化的影响，证明规制分权化几乎没有产生任何正面效应，由此产生的合谋导致了规制的低效率。

楼旭明等②从整个垂直一体化的电力产业的视角对 1981—2001 年电力产业的相对效率进行评价，认为 1985、1986、1995、2001 年相对有效率，而其他年份相对无效率，并认为在整个考察期间我国电力产业相对规模有效性与相对技术有效性没有明显变化。

于良春、杨淑云等③以 1994—2005 年为研究期间，选取了在沪深证券市场上 2000 年之前上市的以发电为主业（大约超过95% 的收入来自电力）的电力企业以及整个发电行业为研究对象。从实证分析结果来看，虽然"厂网分开"的市场结构改革同发电企业的利润、资产负债、设备利用率等指标都存在着种种关系，但其关系并不十分明确，因此认为，"厂网分开"并没有提高我国发电行业的资源配置效率和生产效率，至少没有明显的提高。

0.3 分析框架与逻辑体系

本书包括导论和正文六章，结构安排如下：

导论介绍了本书写作的背景、基本思路、逻辑结构、选题

---

① 干春晖，吴一平. 规制分权化、组织合谋与制度效率——基于中国电力行业的实证研究 [J]. 2006 (4)：23 - 28.

② 楼旭明，窦彩兰，汪贵浦，等. 基于 DEA 的中国电力改革绩效相对有效性评价 [J]. 当代财经，2006 (4)：90 - 93.

③ 于良春，杨淑云，于华阳. 中国电力产业规制改革及其绩效的实证分析 [J]. 经济与管理研究，2006 (9)：35 -40.

意义、创新与不足等问题，重点对电力市场结构概念和电力市场规制进行了文献综述，阐述了中国电力市场结构规制的重要性，为本书确定了研究的理论起点和基础。

第一、二章为全书的理论基础部分。第一章介绍了自然垄断理论的新进展并分析了电力产业的自然垄断性。对电力产业的纵向和横向结构进行了理论分析，并对电力产业规制的风险管理和激励相容规制进行了理论梳理。第二章以美国、英国和日本为例探讨了电力产业市场结构改革特点和规律，为中国的电力市场结构改革提供了国际经验的借鉴。

第三、四章为本书的现状分析部分。第三章通过大量数据描述了中国电力产业市场结构的现状，认为中国电力产业市场结构改革问题总体来说就是"纵向分割不成功，横向缺乏竞争和激励"。从纵向来说，厂网没有真正实现分开。虽然2007年随着"920""647"万千瓦资产的变现，标志着中国电力产业市场结构重组的第一步"厂网分开"正式完成，但实质上电网由于存在调峰电站，由于存在"内部人"持股发电资产致使厂网并没有真正分开，从而导致各种类型发电企业的不公平竞争地位，出现歧视性接入状况。从横向来说，竞争性环节的竞争没有充分展开。通过国家行政划分的发电企业虽然集中度不高，但由于都是国家一个投资者，所以大家不愿意进行价格竞争；而且，中国法律法规的不健全导致发电环节有着较高的进退壁垒，再加上历史原因造成的电价不一致，使中国发电企业的电力产品差别化很大。所有这些形成合力，使促进竞争的市场结构改革的效果与预期相差甚远，五大集团纷纷转向"跑马圈地"和发电量的竞争，而非通过提高生产效率、降低成本来竞争。具有自然垄断属性的电网环节本应该发挥规模经济的效益，"厂网分开"后却出现了投资乏力、安全性降低的状况，根本原因在于政府既没有建立输配电价又缺乏对电网环节的激励，当然

不能促使电网环节快速、高效发展。基于中国电力产业的电网
脆弱、技术水平低下以及国际经验，本书认为，中国未来的电
力产业的纵向市场结构应该是：厂网分开（目前已实现）、输配
分开和配售环节有限的分开，即只允许大用户选择供电公司而
限制普通用户的选择权。第四章通过六个指标的实证分析认为，
中国电力市场结构规制在配合经济的发展、降低企业成本、提
高电力资产利用效率和改进生产效率方面发挥了积极的作用，
但电力行业总体的成长并非全部来自于规制产生的资源有效配
置，企业存在资源的无效率使用和 A - J 效应。其原因在于规制
在降低成本方面出现滞后和激励不足，使要素投入组合扭曲，
造成高的成本，降低了经济效率和社会福利。上述政府对电力
市场结构规制的绩效说明，为了适应新的电力市场结构，重建
规制的需求日益突出。本书继续指出，在打破纵向一体化的过
程中，由于各个环节的分离，容易出现电价、缺电和各环节协
调的风险，所以纵向结构改革要求建立基于风险管理的规制框
架。而横向环节的规制目的是促进竞争和激励，所以要求建立
基于激励相容的规制框架。

　　第五、六章为本书促进电力市场结构优化的措施部分。第
五章按照纵向各环节的协调要求，设计了交易协调规制，价格
协调规制和联网协调规制。第六章按照横向各水平环节促进竞
争、激励的要求，设计了进入规制、市场力规制、非对称规制
以及激励规制措施。

　　上述文章的研究结构和主线经过归纳如图 0 - 1 所示。

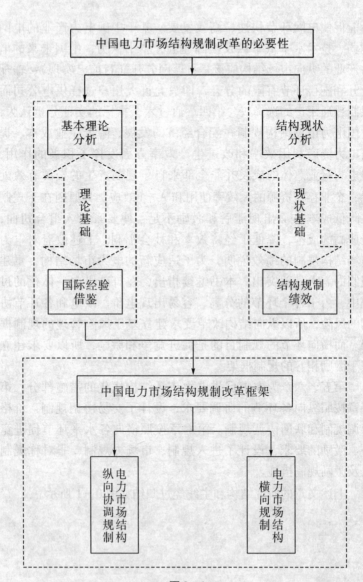

图 0 - 1

0.4　创新与不足

0.4.1　创新

（1）对电力市场运营和交易模式进行规制的研究成果很多。但基于 SCP 框架，从产业组织结构的视角对电力产业规制进行研究的成果很少。本书认为，中国电力改革的重要本质之一就是电力产业组织结构的再造，研究电力市场结构的规制就是抓住了电力产业改革的一个重点。

（2）电力产业改革可以分为纵向结构和横向结构的再造。本书进一步深化研究，认为纵向结构的重建过程中要重视风险管理，横向结构的重建过程中要重视激励，并从纵横两个方面构造了电力市场结构的风险管理规制框架和激励相容规制框架，具有较强的理论性和实践性。

（3）在分析中国电力产业现状、技术约束条件和借鉴国际经验的基础上，提出了中国电力市场结构目标模式的战略选择，认为中国不能走配售完全分开的模式，应该限制普通用户的选择权。

（4）从中国电力产业的研究现状来说，专门从产业组织理论的角度研究电力产业市场结构的文章是不多的。本书以实证的方式对中国电力产业市场结构各项基本因素进行了较为深入的剖析，以期在中国电力产业的市场结构现状研究方面为后来研究者提供参考和借鉴。

0.4.2　不足

（1）对中国电力市场结构规制研究的广度还不够，没有结合中国三级电力市场体系进行规制研究，这是本书进一步研究中国电力市场结构规制的方向。

（2）电价对中国电力市场结构改革起着至关重要的作用。政府可以根据电力供求状况调整容量电价的系数：缺电时多支付一些，反之则减少，以此来引导长期投资，调整市场结构。但是本书对此的研究涉及较少，是本书应该加强之处。

1

电力市场结构规制的理论基础

电力产业是自然垄断产业。大多数国家，包括发达国家和发展中国家，都力图把电力产业的垄断市场结构改造成为竞争性市场结构，从而开始进行电力产业改革，以提高电力这个自然垄断产业的经济效率。自然垄断、市场结构和规制等相关理论的发展为电力市场结构规制改革提供了理论依据。本章简单综述了自然垄断理论、市场结构理论、规制理论的研究现状，最后指出现有研究文献的不足。

1.1　电力产业自然垄断理论分析

"电力产业具有较强的自然垄断性"的传统观点对其发展产生了巨大的影响，它直接导致了电力产业的垄断经营和政府对电力市场的严格规制。然而随着对自然垄断理论的创新性认识，过去被认为必须严格规制的电力产业开始放松规制甚至取消规制。在电力规制改革实践的背后，隐含了自然垄断理论的革新与进步。因此，认识自然垄断理论的新进展对分析电力产业市场结构的规制改革有着重要意义。

1.1.1　自然垄断理论的新进展

自然垄断是经济学中一个传统的概念。根据考证，最早提出自然垄断概念的是英国古典经济学家约翰·穆勒（John Stuart Mill）。他在《政治经济学原理》（1948）中提出"地租是自然垄断的结果"。早期的自然垄断概念大多与自然资源条件的集中有关，主要指由于资源条件的分布集中而无法竞争或者不适宜竞争所形成的垄断，而现在这种情况引起的垄断已经不多见。现代自然垄断理论认为，规模经济（Economics of scale）和范围经济（Economics of scope）都不是自然垄断的充分条件，成本弱增性（Subadditivity）才是本质特征，并且提出自然垄断性质不是一成不变的，具有变迁性。

1. 成本弱增性

1977年，美国著名经济学家鲍莫尔（Baumol）在《美国经济评论》杂志上发表了《论对多产品产业自然垄断的适当成本检验》一文。1981年、1982年，鲍莫尔（Baumol）、潘扎（Panzar）、威利格（Willig）、夏基（Sharkey）先后在《美国经济评论》发表《范围经济》一文，出版了《可竞争市场和产业结构理论》一书。1982年夏基（Sharkey）发表了《自然垄断理论》一文。他们的研究成果实实在在地推动了自然垄断理论的发展和进步。他们认为，在单产品生产的情况下，传统的规模经济（区间概念）并非必然导致自然垄断。换言之，单产品情况下的规模经济和自然垄断没有必然的联系，多产品情况下的范围经济也不会导致自然垄断。他们认为，传统的规模经济和范围经济概念与自然垄断之间并没有必然的联系，只有符合严格的成本次可加性的要求时，才能推导出自然垄断的结论来。因此，自然垄断的最显著的特征应该是成本函数的劣加性（subadditivity，也被称为成本的弱增性或部分可加性），任意产量水平上存在严格的成本劣加性是自然垄断的充分必要条件。假设有n种产品，k个企业，任一企业可以生产任何一种或多种产品，如果单一企业生产所有产品的总成本小于多个企业分别生产这些产品的成本之和，企业的成本方程就是劣加的；如果在所有有关的产量上企业的成本都是劣加的，则该行业是自然垄断行业。换言之，即使规模经济不存在，即使平均成本是上升的，只要单一企业供应整个市场的成本小于多个企业分别生产的成本之和，由单一企业垄断市场的社会成本仍然是最小的，该行业就仍然是自然垄断行业。

　　进而，他们推论出多产品自然垄断的成本劣加性主要表现为范围经济性。在某一多产品的产业中，只要一家企业生产所有产品的总成本小于多家企业分别生产这些产品的成本之和，该产业就是自然垄断产业。

　　通过上面的分析，可以得到两点结论：第一，就单一产品的自然垄断性而言，规模经济是自然垄断的充分条件，但不是必要条件，即只要规模经济存在，就具有自然垄断性，但自然垄断不一定必须要求存在规模经济。在规模不经济的情况下，只要成本劣加性存在，也同样存在自然垄断性。第二，对多产品的自然垄断性而言，规模经济既不是自然垄断的充分条件，也不是自然垄断的必要条件。决定自然垄断性的是成本劣加性，而多产品的成本劣加性决定于联合生产的经济性，通常可用范围经济来表示。

　　2. 变迁性

　　认识到自然垄断性质不是一成不变的，这是自然垄断理论的一个进展。沃特森（Waterson，1988）认为，一个产业的自然垄断特性不仅可以通过技术基础来改变，也可以通过需求改变。如果需求不断增长，一个产业可以从自然垄断状态脱离出来。产业的自然垄断性并不一定永久不变，技术和需求是最基本的影响因素。当这两个因素发生变化时，某些产业具有了自然垄断性，而有的自然垄断性将逐渐弱化甚至消失，产业的内部制度安排就需要发生变化。

　　沃特森曾经举过两个例子：一方面，当英国周边的低成本电力传输在技术上变得可行时，带有自然垄断特性的国家电网就形成了，地区电力系统最终受到国家的控制。另一方面，如果两个地区之间的航空服务需求量大增，这类服务的自然垄断性就会弱化（可能会转变成寡头自然垄断）。当市场需求量增加到一定程度，或者是技术进步导致成本大幅下降时，有效的制度安排可能是竞争性的市场结构。认识到市场需求的变化和技术变革会使得产业的有效制度安排发生质的变化，这是近年来产业经济学取得的重大成果。

维斯库兹、维纳和哈瑞顿（1995）曾经用单一产品的例子来诠释自然垄断特性变迁的特点，提出了"永久性自然垄断"和"暂时性自然垄断"的概念。所谓永久性自然垄断，关键在于其长期平均成本（LRAC）随着产量的增加而持续下降。不论市场需求有多大，单个企业都能够以最低的成本进行生产，如图1.1所示。

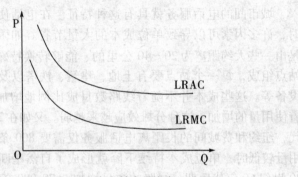

图1.1 永久性自然垄断

而暂时性自然垄断是指长期平均成本下降到某一点之后就变为常数，如图1.2所示。随着需求的增加，自然垄断性质就发生了变化，各种制度的比较治理成本就发生变化。

在图1.2中，LRAC 在下降至产量为 Q′那一点之后变为常数。因此，随着需求量的增加，需求为 D 是具有自然垄断性，但是当到 D_1 时，自然垄断性就消失了。

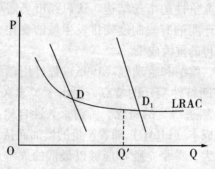

图 1.2　暂时自然垄断

城市间的电话服务就具有这种特征。在电话使用量比较少时，许多因素可以导致单位成本的大量节省。如微波电话系统是由一些大约距离为20～40公里的、能够转换特殊频率信号的站点组成，每一个站点要有土地、建筑、铁塔以及电线和电子设备等。这些成本并不随着线路数目成比例地增加。因此，随着使用量的增加，这种分摊效应越来越弱。又如在20世纪40年代，纽约和费城间的长距离电话服务仅需要800条线路。在使用量较低时，单位成本持续下降就形成了自然垄断状态。到了20世纪60年代后期，线路的数目增加至79 000条（这很大程度上起因于对电话需求量的增加），此时，单位成本平均持平，暂时自然垄断性消失。从长期来看，永久性的自然垄断很可能越来越少。

1.1.2　电力产业自然垄断特性分析

上述自然垄断理论的发展，电力产业实践中诸多新情况、新问题的出现，都迫使人们对电力产业的自然垄断性进行重新认识。我们按照发电、输电、配电、售电四个环节来考察电力产业的自然垄断性。

1. 发电环节

传统理论认为，发电环节具有一定的自然垄断性，形成自然垄断的主要因素是规模经济和固定成本沉淀性,但现在其垄断程度正逐渐减弱。我们首先从规模经济角度出发分析发电领域自然垄断性的变迁。这种变迁性主要体现在机组规模、工厂规模和企业规模等三个方面:①在机组规模上,过去一直认为大机组比小机组具有更低的生产成本,使用大机组可以获得规模经济效益。但近年来这种观点已发生很大的变化。随着电力产业的发展,一方面小型发电技术日趋成熟,使小机组的发电成本大大降低;另一方面机组规模达到相当水平,再继续提高机组规模对发电成本的影响很小。这使大机组规模经济效益不再显著,减低了机组规模经济。②在工厂规模上,有两方面的压力:一是机组规模经济的减弱使工厂规模经济受到影响;二是政府环境的规制使大型电厂(特别是火电)的发电成本大幅度增加。两者的作用使大电厂的规模经济效益不再像过去那样明显。③在企业规模上,人们认为在相当范围内仍然存在规模经济,但由于电力需求的不断增加和电网规模的迅速扩大,使许多国家电力市场容量远远大于这一规模。因此从企业规模经济的角度来看,电力市场不应该也不可能形成自然垄断。

我们还可以从沉没成本的角度出发分析发电领域自然垄断性的变迁。发电领域存在很大的固定成本沉淀性,发电设备和设施一次性投资很大,且具有较强的专用性,一旦投入很难抽回。这种固定成本沉淀性增大了发电市场的进入与退出壁垒,有利于维护发电市场的自然垄断。但随着资本市场的日益发达,不同产权主体之间通过资本市场,可以在不转变资产用途的前提下,实现资产的优化重组,因此沉没成本将不再成为障碍。

2. 输电环节

输电环节具有很强的自然垄断性。其主要原因来自于规模经济和固定成本沉淀性。输电网的特点是一次性投资大,而运行成本相对较小。这样输配电网一旦建成,随着输送电量的增长，单位平均成本越来越小，表现为一种典型的规模经济性。在这期间，固定成本不发生变化，可变成本的变化发生很小。规模经济性是输电网的一个重要经济特性。由于规模经济性，输电网经营企业是自然垄断的，一般只能由一个企业独家经营，所以输电费用无法通过竞争形成，必须由政府规制机构按照一定的原则来确定。这样，如何限制输电经营企业利用其垄断地位谋取超额利润，如何形成一个合理的输电服务定价机制，成为输配电市场要解决的一个问题。输电环节具有很大的"沉没成本"。其原因一是输电设施的建设要投入大量的固定资本；二是输电设施专用性极强，几乎不存在退出的可能。输电领域的这种固定成本沉淀性也是形成和维持其自然垄断的一个重要原因。

所以，输电市场是一个自然垄断市场。在一个地区，当一个输配电企业完成电网建设后，输电服务的固定成本已基本确定。如果再有一个企业进入市场，就会引起电网的重复建设，使整个市场供电的总成本增加。一般地说，一个地区需要输电的电量不会在短期内显著增长，这样单位供电成本必然上升。

3. 配电领域

配电领域同样具有较强的自然垄断性，其主要原因来源于规模经济、范围经济以及固定成本沉没。与输电领域一样，配电领域的规模经济主要表现在密度经济上。配电领域的密度经济是相当明显的，它是配电领域形成自然垄断的根本原因。为了获取密度经济效益，世界各国政府均对配电区域实行特许专营的制度。

与输电领域不同，配电领域存在较大的范围经济，这种范围经济主要是指配电公司除经营配电业务外还可以经营煤气、自来水、城市供热等其他业务。由于这些业务均依赖于管、线等网络供应系统，具有很大的相似性：当它在某一区域内由一家企业经营时，能够获得范围经济效益。关于这一点比利时学者 A. Verbruggen 在 1994 年左右对德国 76 家公司进行过调查。这些公司多数都同时经营两项（供电和供热）或三项（供电、供热和供煤气）业务——结果显示在这些业务中确实存在范围经济。配电领域的这种范围经济出现了在某一特定区域内由一家企业对上述多种业务的垄断经营。

与输电领域一样，配电领域也存在较大的固定成本沉淀性。由于专用性很强，投入后几乎全部变成"沉没成本"，很难从市场中退出，因此人们一般都认为对配电环节应维护其自然垄断，避免竞争。否则一旦出现配电设施的重复建设，最终必然要导致资源浪费和毁灭性竞争。

但有一些人对此提出了质疑，从美国的实证资料看，在二十多个城市中有两个公司建立了自己的分销网络，竞争性地提出了电力分销业务，其结果提高了生产效率和分配效率。从动态来看，自然垄断的边界有一定的可变性，这是因为：一方面，技术进步在一定程度上改变了自然垄断的边界，如"混合循环燃气轮机"和"船载发电设备"技术可以超越电力分销网络直接向用户发电。另一方面，全国联网也可改变自然垄断的地域边界。全国联网发展到一定的程度，各地区的配电企业将会产生一定程度的竞争，因为用户可以从其他电网购电。

4. 售电领域

售电领域几乎不存在自然垄断性，由于售电公司几乎不存在电网，无"沉没成本"，存在一定的规模经济和范围经济，企业进退比较容易。同时为了防止垄断带来的效率低、成本高、服务质量难以提高等问题，售电公司应引入竞争机制。

1.2　电力产业市场结构理论分析

如前文所述，笔者认为电力市场结构是电力产业纵向市场结构和横向市场结构的总称，具体指电力产业纵向四个环节之间是一体化还是分离，是垄断还是市场交易关系，以及电力产业同水平环节企业之间是竞争还是垄断的关系。由于市场结构对企业行为和市场绩效的重要性都不言而喻，所以应从理论上对电力产业的市场结构进行分析，使其对中国电力市场的改革，及由此产生的规制政策的转变起到理论基础作用。

1.2.1　电力产业纵向市场结构理论分析

1. 理论分析

（1）发、输、配环节互相独立时的市场结构

在发电、输电、配电部门互相独立的情况下，三者之间的交易通过电力市场完成，用市场这一"看不见的手"去协调发电、输电、配电三者之间的关系，因此可以将这种组织方式下的电力产业的市场结构称之为市场化的竞争式结构。在这种结构下，输电、配电部门作为自然垄断部门继续接受政府的规制，在提供输电和配电服务时要按照统一的输电价格和配电价格收费；而发电部门则作为竞争性部门和输、配电部门独立；政府将放松对发电企业市场进入和退出的规制，发电价格由发电企业在发电市场上进行竞争来决定。从投资关系上看，三者之间也保持着互相独立的关系。消费者的最终消费电价由发电价格、输电价格、配电价格构成，每一环节的价格都是透明的。

从运行效率的角度看，这种市场化的竞争式结构将原本是

竞争性的发电部门从输电和配电这两个自然垄断部门中独立出来，通过市场竞争来决定发电部门的投资和定价。而在发电部门和输、配电部门具有垂直一体化关系的情况下，电力企业对发电部门的投资只要获得政府的规制机构的同意，就可以将投资成本（包括厂商应该获得的利润）自动转移到电价上。如果投资决策失误，其后果就会通过电价转嫁到消费者身上。但在竞争式结构下，电价由市场的供求关系来决定，如果发电厂商因为投资失误而在电力市场上缺乏竞争能力，后果只能由厂商自己承担，这样市场的优胜劣汰机制将使成本低的发电企业拥有更大的市场份额，从而提高整个发电部门的效率。

当然这种效率的提高是有代价的。由于电力产业的特殊性，发电、输电和配电部门之间存在着一定的协调性，这种协调性意味着运行成本的节约，发电、输电、配电互相独立后这种协调性的丧失将会造成一定的效率损失。此外，由于输电网络在运行时存在着外部性和测量问题，输电网络的所有者在进行正常输电业务之外，还要解决电力交易带来的测量和结算问题，为此要设立专门的机构来完成这些工作。这一专门机构作为电力市场运行的基础设施，当然需要一定的运作成本。这就要求发电、输电、配电部门互相独立后，发电部门通过市场竞争产生的收益，要大于原先在垂直一体化的组织方式所拥有的各环节协调性收益加上电力市场的运作成本①。

另一方面，在发电、输电、配电互相独立的情况下，电力市场能够顺利运行的一个重要前提是输电部门能够根据电力交易双方签订合同的要求及时准确地完成电力传输任务。这不但要求输电部门有着足够的输电能力，而且要求有一个输电调度中心对输电网络的运行进行统一管理。这在输电部门实现水平

① 孙建国. 电力产业规制体制演变的国际比较研究 [D]. 厦门：厦门大学经济研究所，2003.

一体化的情况下很容易完成，但当输电网的产权处于水平分割的状况时，对输电网的运行进行统一管理就比较困难。同时，能否使所有的发电厂商公平使用输电网，成为发电厂商之间实现公平竞争的关键。在实践中可以通过实行独立的系统运行者（independent system operator，ISO）管理来解决这一问题。ISO管理是指电网企业在保持对输电网络的所有权的前提下，将输电网络的运行权移交给一个独立的系统运行者ISO管理，这样原先互相独立的几个输电网就联合成一个大电网。由ISO负责一体化后的输电网络的运行，负责采购为了保证输电网络正常运行所必需的附属服务，以及提供电力交易合同执行情况的有关信息，以便交易双方能够进行结算。这种模式在美国比较流行。

（2）发、输、配环节呈垂直关系时的市场结构

在发电、输电、配电部门之间存在着垂直关系的情况下，三者之间至少有两个环节（视具体的垂直一体化关系而定）的运行不是通过市场交易关系来协调，而是通过垂直一体化公司内部的行政手段来进行协调，因此我们把这种组织方式下的市场结构称之为一体化市场结构。这种一体化市场的结构存在的合理性在于它用垂直一体化的方式将输、配电网络存在的外部性内部化，从而有效地解决了公共产品和"搭便车"的问题，也不需要设立专门的机构去解决垂直一体化内部环节进行市场化交易所涉及的复杂的测量和结算问题。

另外，从发、输、配环节之间运作协调成本来看，垂直一体化公司内部通过行政命令进行协调的成本不但比各方面的参与者通过讨价还价的方式进行协调的成本低，而且协调的速度也大大提高。更为重要的是，垂直一体化可以使厂商有效地避免在非一体化情况下因卖方垄断或买方垄断而出现的"道德风险"和"逆向选择"行为。

尽管这种非市场化的一体结构有利于提高发、输、配不同环节之间的协调效率，防止不同环节厂商之间出现"道德风险"和"逆向选择"行为，但这种垂直一体化组织方式也存在着内在的效率问题。在现代的交流电技术下，输电网络将分散在不同地区的发电厂连接成为一个整体，使电网内部的发电厂可以开展竞争。因此火电基本上属于竞争性部门，只要在技术上解决测量问题就可以引入竞争。而一旦发电和输、配电环节产生垂直一体化关系，就使自然垄断（从输、配两个环节看，输电网和配电网的建设成本很高，重复建设将会产生不必要的浪费行为，因此具有自然垄断的性质）扩大到发电部门，从而排除了发电领域的竞争。在缺乏有效的规制措施的情况下，自然垄断范围的扩大必然会使垂直一体化厂商没有竞争压力，上至经营者下至每个成员都会显露出惰性，产生 X—非效率行为。从投资方面看，由于没有市场竞争，垄断厂商自行决定在发、输、配电环节的投资，成本将自动转移到电价上由消费者承担。在这种情况下，厂商很容易过度投资，出现 averch and johnson（A-J效应）现象。此外，垂直一体化使发、输、配环节之间不必进行市场交易，消费者无法获得这些环节的价格信息，这使厂商很容易对不同业务成本实施交叉补贴。例如在发、输、配三者完全垂直一体化的情况下，厂商只向消费者提供最终消费电价；在发电与输电环节垂直一体化的情况下，垂直一体化厂商和配电厂商之间要发生交易关系，消费者的电价由发电（包括输电）价格和配电价格构成；而在发、输、配环节完全独立的情况一下，消费者的电价由发电、输电、配电价格构成，消费者可以通过电价了解不同环节的成本状况，从而对厂商进行监督。这样垂直一体化就产生了信息不对称的问题。

垂直一体化解决了发、输、配环节之间的协调问题，但是这并不意味着协调问题的终结，因为这种协调关系往往以输电网为界限，只局限于垂直一体化厂商内部。在垂直一体化厂商之间还存在着协调问题，除非垂直一体化的范围再扩大到水平关系上，才能使这一问题彻底解决。然而，完全的垂直和水平一体化意味着自然垄断扩张到整个发电部门，这就使上节提到的 X－非效率问题和信息不对称问题更加严重。而在分散的垂直一体化组织方式下，却面临着发电部门水平协调问题。一个国家的电力资源分布越不平均，这种水平协调的要求就越大。尤其是在一个国家有着丰富的水电资源的情况下，需要水电和火电之间互相协调以降低总的发电成本，否则就会造成水电资源的浪费。除了水电和火电之间的协调外，火电部门内部也会因为燃料成本的相对变动而产生发电部门的水平协调问题。这往往出现在煤炭和石油、天然气之间的价格关系发生剧烈变动的时候。例如 20 世纪 70 年代发生的石油危机使石油和天然气价格暴涨，使美国的一些石油发电在总发电量中所占比重较高的州的电价也随之迅速上涨。在这种情况下，最好是让这些高电价的州从以煤电为主的州进口电力。然而美国分散的垂直一体化的电力体制，却使不同的垂直一体化公用事业公司之间的电力交换非常困难，因此这些高电价的公用事业公司只好自行建造了一批成本很高的原子能发电站。而进入 20 世纪 80 年代以后，石油和天然气价格不断下跌，使这些高成本的原子能电站基本上失去了竞争能力。由于投资失误，这些原本就电价很高的州只能继续维持着高电价。

由于垂直一体化关系将自然垄断扩大到发电部门，因此，它在带来协调效率的同时又因垄断和市场分割而产生了效率损失。所以，进入 20 世纪 90 年代以后，许多国家开始进行电力改革，让发、输、配环节互相独立以便在发电部门引入竞争，用"看不见的手"来代替"看得见的手"。但由于电力系统运行具有自身的特殊规律，新体制下的市场机制能否有效地取代原先的垂直一体化组织内部的科层制治理结构，目前还不能轻易下结论。从电力行业的发展历史来看，人们对垂直一体化电力产业组织的优缺点用了几十年的时间才了解清楚，因此对新体制的"证伪"也需要很长的时间才能完成。

2. 具体结构框架分析

上述理论仅仅对电力产业的纵向市场结构进行了粗线条的分析。在世界各国改革实践中，电力产业由于引入竞争机制的环节不同，具体框架①②③④⑤可以归纳如下：

（1）垂直垄断型结构

发电、输电与配电、售电垂直一体化，不存在竞争。在垂直垄断型电力市场中，发电、输电、配电、售电市场被一家纵向一体化的电力企业所替代，该企业拥有所有的电厂和输配电系统，负责电力生产、输送和分配的全过程。此时电力市场处于完全垄断状态，市场的卖方为垄断的电力企业，买方为电力用户（图1.3）。

这种结构的优点是：

①能够充分发挥电力产业的规模经济效益。

②安全运行程度比较高。

③能够满足国家能源政策，便于采用发电成本较高但有利于国家能源发展的新能源政策。

① 宋永华，刘广，谢开，等. 电力企业的运营模式（一）——垄断型模式 [J]. 中国电力，1997，30（9）：61-64.
② 宋永华，刘广，谢开，等. 电力企业的运营模式（二）——买电型和批发竞争型模式 [J]. 中国电力，1997，30（10）：56-60.
③ 宋永华，刘广，谢开，等. 电力企业的运营模式（三）——零售竞争型模式 [J]. 中国电力，1997，30（11）：59-62.
④ 任丽. 电力市场模式探讨及动态行为分析 [D]. 武汉. 华中科技大学. 2004年
⑤ 任颖. 电力市场基本理论及竞价交易模式综述 [J]. 河南电力，2006（2）：14-17.

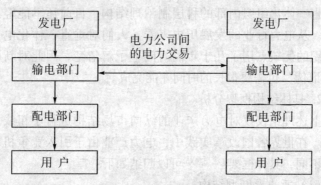

图 1.3　垂直垄断型结构

④在这种结构下，政府往往直接拥有或严格控制处于绝对垄断地位的电力公司，并主要以电价作为政策工具来履行社会义务。垄断使电力公司可以对不同用户采取不同的电价，也可以从用户手中收取额外的费用，从而保证低收入用户和贫困地区用电。

⑤有利于满足可持续性要求。这一方面是因为在这种结构中政府对电力企业具有较强的支配和控制能力，迫使电力企业不得不去追求可持续性目标；另一方面，由于电力企业处于独家垄断地位，可以把追求可持续性目标所带来的成本转移给电力用户。所以在这种结构中，可持续性指标可以得到较好的实现。

其缺点是：

①由于市场处于垄断状态，价格机制难以发挥，使电力市场长期处于供需失衡状态，普遍存在资源配置不足或过剩问题，造成资源配置的低效率；同时垄断也使电力企业没有市场竞争的压力，缺乏降低成本、改善管理的动力，因此经济效率低下。

②作为唯一供方的纵向一体化电力公司趋向于利用自己的垄断地位谋取超额利润，而政府由于信息偏差、规制滞后等原因也不可能有效地消除超额利润。

③由于缺乏市场竞争的压力，对新技术反应不灵敏，电力技术与设备趋于老化，员工素质差。

（2）发电独立型结构

开放发电市场，由一家买方或代理机构向多家发电商购电，以促进发电生产领域的竞争，但地区内输电与配售电仍然垄断。此种方式不允许发电商通过输电线路直达最终消费者，采购代理（单一买方）对输、配电网及售电进行垄断（图1.4）。

发电独立型电力市场结构的最大特点就是把发电与输、配电相分离，形成独立的发电市场，从而使发电市场引入竞争机制成为可能。发电独立型电力市场中存在两个子市场，即发电市场和输配电市场：发电市场的卖方为若干家独立的发电企业，买方为唯一的输配电企业，发电企业可以通过竞争将电力出售给输配电企业，这种竞争的程度取决于发电市场的横向结构。图1.4是北爱尔兰和美国的发电独立型结构。它们本质上一样，不过在同一个供电区域，北爱尔兰模式允许有多家配电公司参与竞争。但这些配电公司只能从同一家卖电机构、以同一批发电价买电，其竞争手段只是零售电价的差异。而美国模式只允许每个供电区域有一家配电公司。

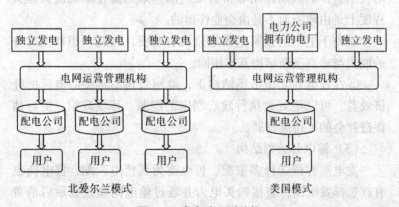

图1.4　发电独立型结构

这种市场结构的特点是：

①与垂直垄断型结构相比，由于在发电侧引入竞争机制，使电力市场的资源配置效率和经营效率得到改善。首先，这有利于新增电源吸引各方面投资，降低建设成本；其次，发电竞价上网对电厂产生了很大的激励作用，使电厂必须不断改善管理、降低成本，提高电厂的经营效率。

②在发电独立型电力市场中，公平程度得到了一定的改善。电厂与电网的分离提高了发电成本的透明度，避免了电厂与电网之间的成本转移，使政府或监管机构可以更有效地对电网公司实施价格规制，有利于降低其垄断利润。

③这种市场结构要优于垂直垄断型结构，它除了能更好地采用符合国家能源战略的新能源技术外，对电力企业采用新技术降低生产成本也有一定的激励作用。电厂与电网的分离，切断了它们之间的利益关系，使电网能够更好地从电力产业整体利益和社会经济发展的角度出发，积极鼓励电厂采用新能源技术和高效洁净发电技术，优化电源结构，提高电力系统的经济和社会效益。其不足之处是由于市场竞争程度很低，因此竞争对技术进步的激励作用非常有限，而且采用新技术的决策很大程度上是由政府而不是由企业作出的。

④由于电网的独家垄断地位没有改变，因此承担社会义务的能力与垂直垄断结构基本相同。

⑤在发电独立型市场结构下，电网公司不再关心电厂的经济效益，可以更好地执行政府制定的能源、环境政策，更好地促进社会的可持续发展。

（3）输电开放型结构

发电商有权选择多家配、售电商为其售电，配、售电商也有权选择发电商，直接购买电力并通过输电网输送到最后消费者，但地区内配、售电网络依然实行垄断。此种模式在电力生产领域和批发售电市场都引入了竞争。这种模式的实现条件是输电网络必须开放，输电网络由非盈利的独立机构（一般为国有电网公司）运营。

输电开放是指输电企业只负责提供输电服务，收取统一标准的服务费，不再以卖者或买者的身份出现在电力市场中。此时输电市场转化为"开放网络"向各类用户平等开放，只起"运输"电力的作用。这种结构的最大特点是使发电企业与配电企业的直接交易成为可能，从而可以大大增加电力市场的竞争程度。输电开放型电力市场包括一个发电市场和若干个配电市场，配电企业可以在竞争的发电市场中购买电力，再以卖方垄断的身份在配电市场上转售给电力用户。如图1.5所示。

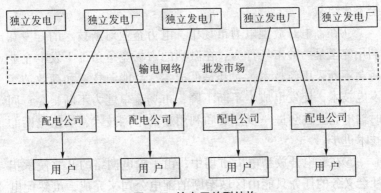

图1.5　输电开放型结构

这种电力市场的结构特点是：

①电力价格主要由买卖双方的相互影响而决定，基本上反映了电力市场的供求状况，使资源得到了更加合理的配置；同时，多家买方的出现增加了电力市场的竞争程度，为电力企业提高经济效益提供了更为良好的激励机制，使电力企业能够进一步降低成本、改进服务。

②在这种市场结构下，公平程度得到进一步的提高。输电

网络的开放实现了发电公司与配电公司及大用户的直接交易。只要市场中存在足够数目且规模相当的发电公司，发电公司所能获得的超额利润就会很小。输电公司由于只负责电力输送，对其价格进行规制相对要容易得多，这样也可以减少它的垄断利润。至于交叉补贴在配电公司和大用户之间则完全不可能存在。不过在这种市场结构中，配电公司仍在其专营区内进行垄断经营，因此仍然可以获得垄断利润，而且在小用户中仍然存在交叉补贴的问题。

③在输电开放的情况下，增加了电网的调度与协调难度，而且使电网承受电力大批量运转的压力，很容易造成电能指标的波动（包括电压降落、闪变、脉冲、暂态升高、谐波等），甚至发生事故。

④在输电开放型电力市场中，电力企业对新技术的开发和利用完全是一种市场行为。在激烈的市场竞争条件下发电企业将会不断采用新技术，尤其是低成本、新能源技术和高效洁净发电技术，使发电成本不断下降，市场竞争能力不断提高；同时输电企业也会进一步开发和利用新的电网技术、加速电网的技术进步。

⑤在输电开放型电力市场中，由于输电网络的开放使承担社会义务的任务只能由区域垄断的配电公司来完成，虽然配电公司仍然可以利用向最终用户收取高额电费的方式来获得资金支持特殊产业或保证贫困人口的用电，但已受到许多因素的制约，使输电开放型结构承担社会义务的能力下降。

⑥这种市场结构在实现可持续性方面要差些，激烈的市场竞争使发电企业必然要选择低成本高效益的能源作燃料。这样许多发电成本较低但有利于社会可持续发展的能源将不会被利用。

（4）输、配电开放型结构

在批发市场竞争的基础上，进一步允许电力用户自由选择供电商，大用户可以直接向发电商购电，输电与配电线路都开放，配电业务与零售业务分离，零售业务也是竞争性的。在这种模式下，发电、批发和零售电力领域全面引入了竞争。

在输、配电开放型电力市场中，输电市场和配电市场均转化为"开放网络"，此时电力市场等同于发电市场，电力用户可以直接从发电市场中购买电力。这种电力市场结构与一般商品市场比较相似，其垄断与竞争程度主要由发电企业和电力用户决定。它可以允许出现较激烈的市场竞争。如图1.6所示。

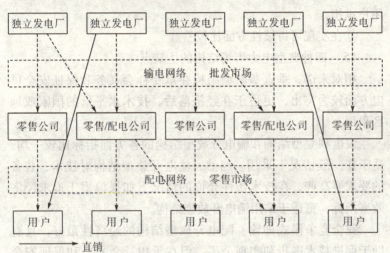

图1.6 输、配电开放型结构

这种市场结构的优点是：

①进一步扩大了市场买方的数量和范围，使电力市场的竞争更加激烈，这有利于提高经营效率和资源配置效率。

②有利于进一步实现公平、在这种结构下，电力价格完全由市场决定，只要对输电公司和配电公司的输电费用进行合理的规制，同时确保发电公司间的有效竞争，就可以把垄断利润和交叉补贴降到最低限度。

③市场竞争更为激烈，这为发电企业技术进步提供了更大的动力，也会更加有力地推动输配电企业的技术进步，但同时也存在输电开放型结构的缺陷。

其缺点是：

①供电可靠性和稳定性受到一定程度的影响。

②垄断的消失导致其承受社会义务的能力已不复存在。在这种市场结构中支持特殊产业、保证低收入用户用电等社会义务只能通过特殊的补助机制来实现，并且其费用也不再直接由用户承担。

③在实现可持续性方面比较差。

（5）四种典型电力市场结构的优缺点

相对来讲，垂直垄断型结构在承受社会义务和保证安全供电方面较为突出，更适于在经济落后、技术水平低的国家或地区采用。

发电独立型结构和输电开放型结构的各方面指标比较平均，适于在一般情况下采用。当然，输电开放型结构对技术、装备的要求要高些，在技术条件允许的情况下如果偏重于追求经济效率指标，更适于采用输电开放型结构。

完全竞争模式即输、配电开放型结构的经济性最好，且有助于促进技术进步和实现公平，但在承担社会义务和保证安全供电方面较差，对技术条件的要求也很高，适于在技术较先进、经济较发达的国家和地区采用。

1.2.2 电力产业横向市场结构理论分析

电力产业横向市场结构是指电力产业发、输、配、售各环节中企业之间在数量、份额、规模上的关系以及由此决定的市场特征和组织形式，它在本质上体现着电力产业各环节的竞争和垄断的关系。根据现代西方产业组织理论，决定电力产业横向市场结构的基本因素有：市场集中度、规模经济、产品差别化和进退壁垒。市场结构根据从竞争到垄断程度的不同可以分为完全竞争型、垄断竞争型、寡头型和垄断型四种。完全竞争型市场结构是指市场上存在着多个势均力敌的厂商，任何一个厂商都不可能左右市场价格。市场价格在市场竞争中形成，从而实现资源的优化配置。垄断竞争型市场结构是指市场上有多个提供相似产品和服务性能的厂商。垄断竞争的市场竞争程度一般小于完全竞争市场，它有足够多的厂商，因而每个厂商都不必考虑其竞争对手对自己行为的反应。寡头型市场是指市场上只有几个厂商为市场提供产品，因而有某种低程度的竞争。寡头垄断的特殊性在于，某一个行业中厂商数量如此之少，以至于其中每个厂商都不得不关注其竞争对手对其所采取的任何行动的反应。比如我国目前的电网分为国家电网公司、南方电网公司两大公司经营就是按寡头垄断型市场设计的。垄断型市场是一种极端的情况：市场上只有一个厂商，它供给整个市场，市场上不存在竞争也没有竞争对手，垄断厂商可以通过调整产量达到控制产品价格获取高额垄断利润的目的。

1. 市场集中度

市场集中度是衡量市场上卖者垄断程度的指标，主要反映卖者的规模结构，也就是产业内生产集中的状况。按集中程度分，垄断可以分为完全垄断、双头垄断、双边垄断、寡头垄断和垄断竞争。市场集中度主要计算表达方法有：

（1）绝对集中度指标

该指标是指规模上处于前几位企业的生产、销售、资产或职工的累计数量占整个市场的生产、销售、资产或职工总量的比重。其计算公式为：

$$CR_n = \sum X_i / X$$

式中，n 为企业数；X_i 表示居于市场第 i 位企业生产、销售、资产或职工等的指标数值；X 表示市场中所有企业的生产、销售、资产或职工等的指标数值；CR_n 表示规模最大的前 n 家企业的集中度（通常取 3、4、5 或 8、10 家企业），其值介于 0 和 1 之间，值越大表示市场越集中。该指标能反映某一产业中规模最大的前几位企业的市场集中程度，而且是所有指标中最具良好适应性、操作性和经济性的指标，因此常常被采用。

由于具体国情不同，各国政府有关部门和学者对本国产业的垄断和竞争类型划分的具体标准也不尽相同。美国经济学家贝恩将集中类型分成 6 个等级：极高寡占型（$CR_4 \geqslant 75\%$）；高度集中寡占型（CR_4 在 65% ~ 75% 之间，$CR_8 \geqslant 85\%$）；中（上）集中寡占型（CR_4 在 50% ~ 65% 之间，CR_8 在 75% ~ 85% 之间）；中（下）集中寡占型（CR_4 在 35% ~ 50% 之间，CR_8 在 45% ~ 75% 之间）；低集中寡占型（CR_4 在 30% ~ 35% 之间，CR_8 在 40% ~ 45% 之间）；原子型（企业数量极其多，不存在集中现象）。

（2）相对集中度指标

包括洛伦茨曲线（Lorenz curve）、基尼系数（Gini coefficient）、赫希曼 - 赫菲德尔指数（A. O. Hirschman - O. C. Herfindahl Index, H. I 或 HHI）及罗森布拉斯指数（Rosen bluth Index）等。其中

$$HHI = \sum (X_i/X)^2 = \sum S_i^2$$

式中，X 代表电力市场总规模，X_i 代表 i 企业的规模，S_i 表示第 i 个企业的市场占有率，n 为电力市场中的发电企业数。HHI 指数综合地反映了企业数目和相对规模。

上式可以进一步简化为：

$$HHI = (u^2 + 1)/n$$

其中，u 为均方差，反映企业规模的均匀分布。当 u = 0，即所有企业的规模都相等时，HHI = 1/n；当 n→∞，说明企业

规模接近，而且企业数目众多，即市场趋于完全竞争时，HHI→0；当 n＝1 时，即市场由一家企业独占，完全垄断时，HHI＝1。因此，HHI 指数在一定程度上反映了市场结构状况。

HHI 指数由于具备各种优点得到了广泛的应用，但是也存在一定的缺陷。HHI 指数对数据的精确度要求较高，而且含义不直观。所以一般都令：

$$N = 1/HHI$$

称 N 为 N 指数。N 指数的经济含义是规模相等的企业的数目。如：H＝0.2，则 N＝5，表示此时的市场结构相当于存在 5 家规模相等的企业。HHI 指数的值被扩大了 10 000 倍。一般认为，HHI 指数低于 1000 则市场是不集中的，HHI 指数在 1000～1800 则属于中度集中，HHI 指数超过 1800 则是高度集中。该指标对规模较大的前几家企业的市场份额比重的变化特别敏感，是一个能综合反映产业内企业规模分布的指标，因此 20 世纪 80 年代以后在美国作为最主要的市场集中度指标而被广泛应用。

影响市场集中度的最基本因素是市场规模和规模经济的关系。此外，企业趋向垄断的意向、为产品差别化而进行的推销活动、进入壁垒的设置、政府政策保护、企业之间的合并等都会提高市场集中度；市场的扩大、阻止企业合并、严格的反垄断法律则会降低市场集中度。

2. 进入壁垒

（1）构成进入壁垒的因素

产业组织理论中把欲进入某产业中的新企业和已有企业相比，把在竞争中阻止新企业进入的不利因素称之为进入壁垒。可以构成进入壁垒的因素有：

①规模经济壁垒。当产业中企业的最小最佳经济规模同市场规模相比占很大比重时，产业只允许少数企业存在，新企业很难进入。

②费用壁垒。这包括初始资本费用壁垒和沉没费用壁垒。初始费用壁垒是指企业进入时所需的最低限度资本量。初始资本量越大，资本筹措越困难，新企业进入越困难。沉没费用壁垒指一旦新企业遭到失败后，资产转卖不出去或只能收回少部分投资，沉没费用越高，企业风险和损失越大。

③产品差别壁垒。原有市场已被良好细分，原有企业产品已形成偏好，新企业寻找市场缝隙和推销的难度越大，成本越高。

④政策和法律壁垒。如营业执照、经营范围、经营条件的规定，税收政策等，都可能成为新企业进入壁垒。

（2）进入壁垒的度量

进入壁垒的度量问题一直为经济学家所关注。一般地说，某一产业的进入壁垒越高，新企业进入越困难，产业内的企业也就越少，从而也越容易产生垄断；而"垄断的普通意义是对供给的控制，因之同时也就控制了价格"①，即垄断往往会引起价格偏离价值，产生垄断利润。因此，通常可用价格扭曲率及超额利润率来度量进入壁垒。

①价格扭曲率度量法

所谓价格扭曲率度量法，就是以垄断价格扭曲竞争价格的程度来衡量进入壁垒高低的一种方法。我们可以借助图 1.7 加以描述。

图 1.7 中，我们假定某产业在高进入壁垒下只有一个垄断者，它的平均成本曲线是 AC。在短期内，利润最大化的产量为 Q_1，销售价格为 P_1。P_0 是不存在进入壁垒条件（即充分竞争条件）下的价格，它由边际成本曲线与需求曲线的交点所决定，同时也是平均成本曲线的最低点。如果潜在新企业面临的进入壁垒为零，那么垄断者能够接受的价格可以通过竞争价格以上

① 张伯伦. 垄断竞争论［M］. 北京：生活·读书·新知三联书店，1958：5.

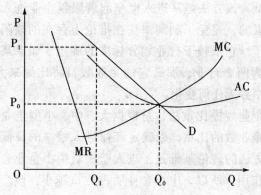

图1.7 价格扭曲率度量法示意图

的溢价来度量。如果把产业价格扭曲率（R）定义为垄断价格与竞争价格的差额同竞争价格的比率，则有：

$R = \dfrac{P_1 - P_0}{P_0} = \dfrac{\Delta P}{P_0}$，R 值越大，价格扭曲程度越强，表明进入壁垒越高。

②产业超额利润法

在实际运用产业价格扭曲率度量进入壁垒时，可能会遇到难以确定竞争价格 P_0 的问题，而获得产业平均成本的资料就相对容易得多，因此，我们也可以通过计算产业超额利润率来度量进入壁垒的高度。设 P 为产业价格，$\bar{C}$ 为产业平均成本，$\bar{P}'$ 为社会平均利润率，$\Delta P'$ 为产业超额利润率，则有：$\Delta P' = \dfrac{P - \bar{C}}{P} - \bar{P}'$。$\Delta P'$ 越大，超额垄断利润越多，则进入壁垒就越高。

③企业数目法和企业规模比重法

我国学者马建堂提出用企业数目法和企业规模比重法来计量进入壁垒的序数高度。所谓企业数目法，是根据企业数目的多少来确定不同产业进入壁垒高低的一种方法。企业数量少的产业一般进入壁垒较高，反之，企业数量众多的产业其进入壁垒就比较低。该方法是从进入壁垒起着限制企业进入这一作用的角度出发的，避免了利润率法在推论上存在的缺陷。但其不足之处在于，它依赖于行业划分标准的确定。如果某一行业在统计上分为两个行业，那么它的企业数目将比原来大为减少，但进入壁垒并无任何变化。

所谓企业规模比重法，是根据大、中、小型企业分别占该产业全部企业数的比重，以确定产业进入壁垒的高低的一种方法。这一方法的理论基础是，进入壁垒对中小企业会产生特别大的阻碍作用，所以，中小企业所占比重越小，该产业的进入壁垒就越高，反之则越低。这种方法比企业数目法更为可取，但它需要考虑到产业的专业化分工发展水平的影响。

3. 产品差别化

所谓产品差别化，是指企业在所提供的产品上造成足以引起买者偏好的特殊性，使买者将它与其他企业提供的同类产品相区别，以达到在市场竞争中占据有利地位的目的。产品差别的大小，反映了同类产品之间替代程度的大小，可以用需求的价格弹性来衡量。产品差别大的市场，需求价格弹性低，替代性弱，即使降价，需求量的增加也很少，因此企业降价的诱因弱；相反，即使提价，需求量也不会迅速、大幅度下降。因此生产高差别产品的企业的垄断力量就强，企业竞争的主要手段是非价格竞争，如广告、进行技术改造、产品创新；反之，产品差别很小的市场，价格弹性高，替代性高，如果提价，需求量将迅速、大幅下降，因此企业提价的诱因强，竞争更加激烈，容易爆发"价格战"。产品差别化对市场结构的影响在两个方面：一方面，在位企业可以通过扩大产品差别，提高自己的市场占有率和市场力量，提高新企业进入的壁垒，从而提高市场的垄断程度；另一方面，潜在的进入者也可以通过提供新产品，形成自己的产品差别，更容易地进入市场，从而提高市场的竞争程度。产品差别化对于市场绩效是一把"双刃剑":既有正面的影响,也有负面影响。一方面,产品差别化扩大了消费者的选择空间,促进了技术进步,这是其正面影响;另一方面,产品差别化有可能提高产品价格,过度的广告既造成信息的冗余又造成资源的浪费,这是其负面影响。

人们通常认为发电企业的主营产品——电能是一种性质单一的、价格无区分的、买者无偏好的一种无差别化产品。不过当进一步分析整个电能的生产、传输和销售过程时,就能够发现差别无处不在,如发电手段、发电机组技术水平、发电质量的差别、电力市场细分带来的市场进入差别等。

4. 规模经济

美国管理学家小艾尔弗雷德·A. 钱得勒这样定义规模经济:"规模经济可以被定义为从事单一产品的生产或者分配的单一经营企业由于规模的提高而产生的生产或分配成本的降低。"英国著名的经济学家马歇尔在分析规模经济的时候使用了规模报酬的概念。根据不同的规模报酬,马歇尔将规模经济分为内部规模经济和外部规模经济。其中,内部规模经济指的就是规模报酬的递增,如假设投入要素价格和生产技术不变,随着投入的增加,规模报酬递增则产生规模经济;外部规模经济则侧重于产业的整体规模和产业内的分工状况,具体说来,就是整个产业乃至整个经济规模的扩大和产出的增加可以给企业带来新增的收益。从经济学的角度来说,这与企业内部的生产函数关系不大,更多的是信息获取成本和交易成本的降低。

宏观上看,企业的规模经济有利于增强企业的竞争力。微观上看,产业中由于有规模经济的存在,能够增强产业整合市场的能力,随着产业内具有规模经济的企业增加,其对市场的支配能力愈发增强,易于形成成本上的优势,提高产业的进入壁垒。因此①，竞争力较弱的企业必将退出或者被大企业兼并，这样不仅实现了资源的优化配置，同时对企业大量存在的低水平重复建设和重复生产更是具有很大的改善作用，推动着企业经营从粗放型向集约型转变。

1.3 电力产业规制理论分析

1.3.1 电力产业规制需求的理论分析

1. 电力产业规制需求的经济学分析

电力产业电力行业的一个重要特征就是这一行业受政府的高度规制，几乎所有国家的电力行业处于政府的规制之中。政府对电力行业进行规制的一个重要原因是这一行业比较容易出现水平和垂直一体化的组织方式。由于一体化的组织方式的存在，市场竞争被企业内部的行政指挥关系所代替，这样一体化后的电力企业就成为垄断企业。尽管从经济效率的角度看，垄断有利于实现生产效率，但在垄断状态下，无法使生产效率和分配效率达到最优水平，因此需要政府对自然垄断企业实施价格规制来减少由于定价不合理而造成社会净福利损失。

图1.8是一个自然垄断厂商的成本和定价情况。由于平均成本线ATC处处递减，说明这是一个强自然垄断企业，厂商拥有不变的边际成本MC，市场需求曲线为D，MR为厂商的边际收益曲线。假定厂商对所有的消费者的定价都一样，即不存在价格歧视，在不受规制的情况下，厂商将按照边际成本等于边

---

① 张新华. 电力市场中发电市场结构与企业竞价行为研究［D］. 重庆：重庆大学经济与工商管理学院，2004.

际收益的方法进行定价，因为这能使厂商的利润达到最大化。这时厂商的价格和产出分别为 P_M 和 Q_M，但这种价格和产出无法满足生产效率和分配效率对价格和产出的最优要求；因为从生产效率的角度来看，产出应该位于平均成本曲线最低的那点，而从分配效率的角度看产出应该由边际成本曲线和需求曲线的交点来决定，面积 A、B、C 和 D 表示边际成本等于边际收益定价造成的社会净福利损失①。

为了减少自然垄断厂商的定价和产出无法达到生产效率和分配效率所造成的社会净福利损失，政府可以对厂商实施价格规制。例如，为了满足分配效率，政府按照边际成本定价，这时的价格为 P_E，但由于自然垄断厂商的边际成本曲线 MC 位于平均成本曲线 ATC 的下方，这就意味着厂商以 P_E 的价格生产 Q_E 数量的产品得到的收入无法弥补生产成本。在这种情况下厂商将无法收回固定投资的成本。为了使厂商不至于因此而退出市场，政府可以向厂商提供补贴，补贴的数量相当于厂商的固定成本。

如果不向自然垄断厂商提供补贴，政府也将价格设定在需求曲线和平均成本曲线的交点，也就是 P_F。这一价格可以使厂商收回全部成本，但是不会产生利润。和市场机制自然垄断厂商的定价相比，这种定价方法增加的社会净福利相当于面积 A、B、C，但是和边际成本定价方法相比，这种定价方法产生的社会净福利损失相当于面积 D。

---

① 孙建国. 电力产业规制体制演变的国际比较研究 [D]. 厦门：厦门大学经济研究所，2003.

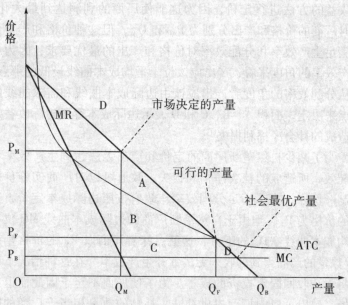

图 1.8 市场决定的产量与规制决定的产量

政府对自然垄断厂商进行规制的原因并不仅仅局限于经济效率，有时政府会出于社会公正和再分配的原因而对自然垄断厂商实施价格规制，例如政府在实施价格规制时依据消费的收入状况来确定对不同消费者的定价，也就是进行价格歧视。政府可以对高收入群体的消费者定价为 P_F，这样使自然垄断厂商在向这些消费者提供产品和服务时能收回全部成本；而对低收入群体的消费者定价为 P_E，使自然垄断厂商在向这些消费者提供产品和服务时得到的收入能弥补生产的可变成本，这样政府就减少了向自然垄断厂商提供的补贴数量。政府也可以将对高收入消费者设定的价格高于 P_F，也就是直接让高收入的消费者向低收入的消费者提供补贴，这样政府的规制就成为收入转移和再分配的工具。尤其是在现代社会，电力已经成为日常用品，政府也应该让所有的社会成员都能使用电力，这对保证社会公平和公正是非常重要的。

实施歧视性的定价方法需要一定的前提条件，这些前提条件包括：首先是不能让享受低价格商品的消费者在低价获得商品后再将之转售给高价格的消费者牟利，也就是消费者之间要彼此隔绝。其次是在实施价格歧视的情况下，市场被分割成向高收入消费者提供产品的高利润市场，以及向低收入消费者提供产品的低利润甚至亏损市场，生产者通过高利润市场的超额利润来弥补在低利润市场上的损失或亏损。为了使这种状况能够长期维持下去，政府的规制范围就要从价格规制扩大到市场准入规制上，以防止其他厂商进入自然垄断厂商占有的高利润市场，使自然垄断厂商无法继续维持歧视性的价格结构。这种情况被称为"撇脂"（Cream - skimming）和"绕开"（By pass）现象。而对电力行业而言，阻止其他厂商进入的最好方法是支持在位的厂商采用垂直一体化的产业组织方式，这样其他厂商就难以进入市场；但这样做的后果是将垄断从输电和配电部门扩大到发电部门，进一步强化了垄断厂商的垄断地位。

对政府规制的需求不但来自消费者，也来自电力行业的厂商。这些厂商既包括发电厂商，也包括输、配电厂商。发电厂商对政府规制的需求首先来自发电市场的极度脆弱：发电市场不同于一般的竞争性市场，在一般的竞争性市场上，市场的每一个参与者都不会影响总产出和商品价格。而在发电市场上规模较大的厂商可以对发电量和发电价格产生较大的影响。这样发电部门一般会形成寡头垄断的市场结构，在寡头垄断的情况下，由几个厂商分别向市场提供产出可以达到最优的生产效率；因为厂商数量较少，厂商对彼此的市场战略更容易作出反应。为了维持这种寡头垄断的市场结构，发电厂商需要政府实施市场进入规制。

发电厂商需要政府规制还因为在电力市场出现失衡的时候

政府规制能够以较快的速度恢复市场的均衡。电力市场的失衡可能是因为供电能力的不足，也有可能是因为供电能力的过剩，而供电能力的过剩有可能是因为发电厂商的数量太多。在此情况下，如果每个发电厂商都不愿退出市场，电力市场的均衡需要很长的时间才能恢复。因为对单个发电厂商而言，由于存着沉没成本，所以理智的选择是坚持下去等待其他发电厂商退出。但是，如果所有的厂商都持有这一想法，过剩的发电能力将维持很长的时间。尽管从发电厂商的整体利益看，个别发电厂商的理智退出可以提高所有发电厂商的效率，但是，这一结果是很难自发出现的。这就需要政府实施市场退出规制，通过强迫部分厂商退出市场来恢复市场的均衡。

另外，对于输电和配电厂商来说，输电、配电网络的建设涉及千家万户；没有政府的支持，单靠厂商自身的力量，根本无法完成这种谈判和协商工作。在这种情况下，输电和配电厂商会以接受政府规制为条件，从政府那里获得建立输、配电网络的特许权，并从政府那里获得对这种特许经营权的保护。

这样，由于消费者、政府和电力部门的厂商三方都希望政府对电力行业实施规制，这就解释了为什么世界上大多数国家的电力部门都要接受政府的规制。

2. 电力产业规制需求的政治学分析

电力产业规制需求的政治原因主要有：电力全球化的促进、社会各界对打破电力垄断的强烈呼声、国际组织的政策扶持。

（1）电力全球化的促进

随着世界经济全球化和自由化趋势的加强，全球生产和消费行为趋同，促使各国为实现本国经济的发展，加大经济开放程度，逐步融入国际经济一体化大循环。电力全球化促使世界各国纷纷实行电力市场化改革。全球经济一体化，对于电力行业来说，主要表现在以下几个方面：

①煤炭、油、气等发电能源，可考虑从世界市场采购，使发电能源的选择具有多样性。

②既可考虑自己建电厂供电，也可考虑由国外输入，这取决于经济效益的分析及环境容量的大小，相应需要发展跨国联网。

③加强引进外资与对外电力投资并举，实行有进有出，使资金、人力资源双向流动，加强国际交流与合作力度，使电力企业在融入全球电力市场中不断发展提高。

④确保电力供应安全。在电网布局、电源结构、电力能源供应及技术等方面，确保电力安全供应，具有较强的抵御各种风险的能力。

（2）社会各界对打破电力垄断的强烈呼声

铁路、民航、电信、天然气等其他自然垄断行业服务对象都是社会部分群体，而电力则是对社会的全方位覆盖，服务对象涉及千家万户，关乎国计民生。正因为如此，世界各国都首先是在铁路、民航、电信、天然气等行业率先实行体制改革，而电力的体制改革则往往是放在最后来进行。电力体制改革因慎重而显得迟缓，社会各界对打破电力垄断因期望值较高而呼声强烈。

电力用户要求打破垄断，他们看到了垂直一体化垄断经营的弊端，要求通过引入竞争机制，享受低电价、高服务质量、拥有用电选择权、安全稳定用电。电力投资者要求打破垄断，他们希望获得宽松的市场准入、公平的竞争环境和合理的投资回报。独立发电公司要求打破垄断，他们要求电网企业不再拥有发电公司，所有的发电公司成为平等的市场竞争主体，在公平、公开、公正的电力市场竞争规则下，获得发展和采用新技术。环境保护组织要求打破垄断，他们希望通过市场手段，减少污染。监管者要求打破垄断，他们希望能够通过竞争实现最优选择，通过监管实现价值最大化。政府也希望打破垄断，政府要求电力工业降低直接支付成本，提高运营效率，优化资源配置，改变垄断经营造成的体制性缺陷，通过电力市场化改革吸收到足够多的资金，促进电力发展。

（3）国际组织的政策扶持

在所有的国际组织中，世界银行在推进电力市场化改革上起的作用最大，态度也最坚决。经过广泛调查研究之后，世界银行执行董事会通过了世界银行工业能源处撰写的《世界银行1992年政策报告——世界银行在电力部门中的作用》，将电力改革纳入世界银行认可的国际援助战略。这个报告对推进全球电力改革，特别是发展中国家的电力改革起到了推波助澜的作用。

世界银行对电力部门的贷款调查证实，尽管发展中国家的电力系统有了惊人的发展，而且确有一些效率高的电力部门和许多成功的单项工程，但是由于政府未能触及电力部门的基础——体制问题，使得电力部门在制定电价、财务、技术和机构等方面有日趋严重的问题。

1979—1988年，发展中国家电力部门服务质量下降，技术性、非技术性损失和燃料消耗居高不下，电厂不良维修广泛存在。政府对电力部门含糊不清的指挥和控制管理、对日常工作的干预，以及电力部门缺乏自主权，都影响着电力生产效率和电力机构效率。

在此情况下，世界银行认为不能继续以垂直垄断方式来管理电力工业部门。世界银行主张对电力工业进行改革——政府必须对电力部门减少干预，允许电力部门有较大的自主权；政府只负责制定目标、政策、法律和规章，以保证各种投资者和公众的利益。而且，世界银行还发放贷款支持电力市场化改革。世界银行1991财政年度对发展中国家电力部门的贷款数额约为400亿美元，约占世界银行总贷款的15%。

3. 电力产业规制需求的科技原因

电力产业规制改革的另一个主要原因是电力科技创新使得电力网络具备了开放运营的管理技术，对世界各国电力企业的传统垄断一体化的经营方式造成了空前的冲击。没有电力科技的进步、信息技术的发展，电力产业不可能走向自由化和市场化。电力科技创新对电力产业规制体制的冲击可以从发电科技创新、输电科技创新和配电科技创新三个方面来讨论。

（1）发电科技创新对电力规制体制的冲击

在第二次世界大战后的 20 年间，各种电器陆续进入市场，世界主要工业国家的工业产值以 2 倍的速度增长，电力需求旺盛。当时化石燃料价格低廉，供电成本很低，故电力科技创新的重点集中在发电科技上，提倡大电厂、大电网、大机组，至于配电科技的发展与突破十分有限。

随着现代科技的迅速发展，电脑、信息和控制技术在发电设施上的应用，一方面提高了发电效率，另一方面大大节约了劳动力，降低了发电成本，从而造成在发电领域不再有更多的规模经济效益。电厂设备和规模已经定型：热效率提高已达到极限，从技术上已没有更多措施降低成本。热力学定律决定了火电厂的效率只能是 30% 多一点，厂用电、输变电损失加起来达到 10% ~ 15%。在这种情况下，能够快速适应高峰负荷需要的燃气蒸汽联合循环机组、小型热电联产机组有了新的生存空间，大型和远离负荷中心的电厂将越来越多地被靠近负荷中心的小型和清洁发电方式所代替。这些负荷中心将减少对昂贵的远距离输电线路的需求。公众对环境日益关心，常规火电厂、水电厂和核电厂都受到生态、环境的严重挑战，使得化大为小、化整为零的结构改革成为潮流。可再生能源用于发电，除水能资源开发可以建设大型、特大型水电站外，其他如风能、太阳能、潮汐能等的发电利用大都是小型的。世界范围内的清洁、高效和分散的电力生产是下一世纪电力的发展方向。

（2）输电科技创新对电力规制体制的冲击

20世纪70年代出现了两次石油危机，化石燃料价格大幅度上涨，而且环境保护逐渐受到重视，使得各产业开始注意节约能源，并重视能源利用效率。在电力方面，电力需求的增长也趋向缓和，电力部门转而重视电力负荷管理与电力需求侧管理，致力于用户消费结构的研究，以改进电力负荷及用电量的预测。这时，电力科技创新的重点集中在输电科技创新和配电科技创新上。

在输电方面，由于电脑具有了快速、大量的计算能力，各电力公司的中央调度中心，通过各种通信方式将各发电厂及变电所联结成一个完整的调度、监控系统，各发电厂按照其调度命令调度发电量以适应电力需求的变化。调度中心的电脑，除了收集各发电厂和变电所供需电量资料外，还可以依据经济调度的需求计算结果，每隔数秒，就发布指令，调度各发电厂的发电设施，以达到整体最优。由于输电系统的监控已完全自动化，因此对于未来电力公司以竞标方式决定发电量，现有的调度设施已经有足够能力给予监控和计算。还由于输电系统即时监控功能的完备，一旦开放电力代输业务，则任何时刻代输电力、电量的进出系统都可以掌握和控制，而应分摊的代输费用也可以很快计算出来。只要将原来的经济调度原则改变为依照合同和竞标结果来安排发电和输电就可以了。

（3）配电科技创新对电力规制体制的冲击

配电科技创新使配电系统实现了自动化。配电系统自动化主要是利用电脑、控制设备，将配电线路及各用户连接成同电力线路并行的一套控制系统。其基本功能除了监控线路、迅速侦察事故、隔离故障和快速转供，以缩小停电范围外，还可以深入每个用户，用微处理机替代传统的机械表，将任何时段的用电量、负荷记录下来。通过现代化通信系统和配电自动化系统联结，其记忆的资料可以迅速、方便地被电脑主机读取、存储。这种遥控读表功能除可以节约抄表及计算电费的人力之外，还可以利用其记录各时段的用电量和负荷，采用分时峰谷电价和实时电价。这是采用自动化及微处理机对电价制度产生最大影响的因素。此外，一方面，如果在电表外部同时安装负荷控制装置，通过负荷控制，可以进一步为用户提供分级电价，用户从中可以获取实时电价信息，制定最优用电策略从而获得电价优惠；另一方面，电力公司可以实施电力需求侧管理，降低高峰负荷，节省新建电厂投资及燃料成本。在配电系统调度方面，由于可通过信息系统收集即时用电资料，配电与售电业务分开时，也可提供任何时间、任何用户的用电资料，在电费计算上可以突破传统的用户只能向一家供电商购电的限制。

配电科技创新使配电环节的功能分离，配电环节中若干部分可以让非电力公司来经营。例如，在美国加州，非电力公司被允许从事查表收费业务。随着电表记账付费技术和配电网络维护技术的进一步提高，配电环节更多的功能可以从配电公司的业务里分离出来。如果这些功能真的不断分离的话，那么，配电公司的垄断经营将受到极大的挑战。

配电科技创新使发、输、配电环节利润重新分配。在英国，由于政府转让拥有的十二个配电公司的股份，英国十一家地区配电公司已经被接管，配电公司走到了一个十字路口。促使配电公司被接管的因素有两个：①较为宽松的规制与公司厉行成本节约使得利润增长归于配电公司。②政府转让拥有的股份。伴随着美国电力事业的放松规制和自由化，使英国配电公司可进入美国购进有赢利的资产，此举为英国股东带来了丰厚的回报。这样，就使资本市场上配电资产显得更有价值。

配电公司出现横向的整合和多种公用事业一并经营的现象。

在亚洲，菲律宾城市和各省配电公司被允许与通过合作创办起来的农村配电公司合并，以扩大规模，提高经营效率。煤气公司和电力公司的合并则扩大了配电公司的经营范围，但同时，煤气和电力的交叉竞争增强了。

配电公司的价值由于发电资产的充分竞争而提高。配电公司相比于发电公司而言，不仅提供一个稳定的现金流量，还创造出充满富有想象力的发展空间。配电公司的价值还来自以下方面：①在激励性规制框架之下，大力削减成本；②大量的现金流量产生；③清晰和稳定的规制方法；④竞争与开放的市场；⑤同客户直接接触，使得电力零售成为赢利很高的业务。

配电环节的自由化是在非常有限的领域里进行的。美国电力公司在面临业务分拆的压力下，宁可退出发电厂业务，也不愿放弃配电业务。

1.3.2　激励性规制的理论分析

1. 激励性规制理论溯源

激励性规制理论是产生于 20 世纪 70 年代末 80 年代初的西方规制经济学的一个分支，它是在内外因交织的影响下直接由"规制中的激励问题"这一主题衍生的。

内因是传统规制经济学自身发展面临危机：一是传统规制经济理论忽视信息不对称，设计的最优规制在应用于实践时缺乏效率，从而遭到质疑，如投资回报率规制。二是规制替代理论的"引入竞争替代规制，以根治规制无效率"的主张在实践中陷入困境。激励性规制理论产生的外因主要有两个：一是在规制经济学的外部。信息经济学、动态随机过程理论、博弈论、非对称信息理论、试验与行为经济学的最新发展为分析规制问题和设计规制方案提供了新的工具。二是 20 世纪 70 年代末以来的全球性声势浩大的放松规制运动并不是意味着取消规制，而是意味着需要更有效率、降低政府规制成本的激励性规制方案出台。激励性规制融合了规制与竞争的优点，并消除了公共利益规制理论和利益集团规制理论的许多问题。

激励性规制理论将规制的重心转到怎么样规制的轨道上来，它吸收了信息经济学等微观经济学中新的理论成就从而实现了对传统规制经济学的突破。具体表现在，激励性规制理论借助以上新原理和新工具的发展，越来越清楚地认识到在自然垄断规制过程中，规制机构与被规制企业之间存在信息的不对称性，具体说就是规制机构知道的有关企业的信息要远少于企业自身所知道的相应信息。这表现在：被规制企业对以最低的成本来满足产量目标要求的生产技术更为了解；只有被规制企业自己知道自身为降低成本付出了多少努力，且这种努力往往是不可测量的；即使规制者与被规制企业就成本达成共识，被规制企业的所有者也可能是风险规避型的，因而会用效率收益来与规制者交换一部分风险；规制者所特别关注的产品或服务供给的产量、质量等变量，常常无法直接测量或观测，规制机构难以完全把握，等等。除了存在以上信息的非对称性外，在规制过程中，规制机构与被规制企业的行为目标也存在一定的差异，表现在：规制机构主要关注企业效率和社会福利（消费者剩余与生产者剩余之和）最大化的实现，而企业则主要追求自身利润的最大化。由于信息的非对称性以及规制双方行为目标存在的差异，自然垄断行业的规制问题就可以作为一个委托代理问题来加以处理。在这种委托代理关系中，规制机构是委托人，被规制企业是代理人。在传统规制方式下，对于以利润最大化为目标的被规制企业而言，自然会利用所占有的信息优势，尽量高报自己的成本，而隐瞒其实际成本水平，由此产生了隐藏信息的逆向选择问题。同时，被规制企业对自己努力程度的了解多于被规制机构，后者不知道究竟应支付或补偿多少才使企业愿意提供这种服务，并且这一变量无法由法庭证实，不能写入规制合同中，企业在决定这一变量时具有较大程度的相机行事选择权。如企业既可以为提高效率而努力改进管理，又可以在不被发现的前提下选择"偷懒"。而规制机构对此却难以完全判定，这就使规制机构面临来自企业的隐藏行动的道德风险问题。传统规制理论没有认识到规制过程中的信息不对称性，也就不能制定出能够有效克服逆向选择和道德风险问题的规制方式，这是导致传统规制方式效率低下的根本原因。激励规制理论以信息不对称作为立论前提，把规制问题当做一个委托代理问题来处理，借助于新兴的机制设计理论（Hurwicz，1970）的有关原理，通过设计诱使企业说真话的激励规制合同，以提高规制的效率。这就使自然垄断规制的理论基础和思维方式发生了根本性变革。

2. 激励性规制设计

建立在激励规制理论基础上的规制方式所要解决的核心问题是解决信息不对称条件下的最优激励问题，关键是规制者要设计出一组既能为企业提供适度激励，又能有利于实现社会福利最大化的机制。这里主要以拉丰和梯诺尔[1][2]的理论为基础，分析信息不对称条件下激励规制机制的设计原理。

如果政府拥有关于公司成本的完美信息，则政府对公司的合同设计将很简单：通过签订一个有价格上限的合同，政府就可以给予公司充分的激励。公司将着力于节约成本，从而降低整个社会的成本。除此之外，政府将不用担心是否支付了过高的价格。由于对公司的技术非常了解，政府可以选择一个完美

① 让-雅克·拉丰，让-梯诺尔. 政府采购与规制中的激励理论［M］. 石磊，王永钦，译. 上海：上海三联书店，上海人民出版社，2004.

② Laffont，J-J，J. Tirole. 1994. Access Pricing and Competition［J］. European Economic Review，1993，38（9）：1673-1710.

的价格上限使公司无法寻租。换句话说，政府可以选择一个公司可以接受的最低的价格。因此在没有其他选择的情况下，政府可以提供一个高效能的激励方案。

当政府缺乏公司的技术或机会成本信息时，就需要在究竟是给予企业以激励还是"捕捉"其潜在的租金之间进行权衡。适当而有效的激励需要制定一个有价格上限的合同（更一般地讲是高效能的激励方案）。不管公司是由于其内在的原因降低了1美元的成本还是由于其外在的原因降低了1美元的成本，合同都支付给公司1美元。换句话说，公司对其控制之外的成本因素仍然有剩余索取权，这一事实导致了潜在的寻租。与此相对应，成本加成合同（更一般地讲是低效能的激励方案）尽管对降低成本的激励不够，却能够有效地捕捉公司潜在的寻租。事实上，当外在因素使公司的成本幸运地降低1美元时，公司并不能从中受益，因为成本是由政府全额承担的。

因而，结论是，在激励与提取租金两者之间有一个基本的权衡问题：激励要求高效能的激励方案，但是，在存在逆向选择的情况下，提取信息租金要求低效能的激励方案。在不完全信息条件下，规制合同的设计就面临着提高激励强度与企业信息租金获取之间的两难选择。根据信息经济学和机制设计理论，面临以上两难选择，激励规制合同的设计需考虑两个基本约束：参与约束与激励相容。前者意味着规制机构所设计的合同必须能够保证被规制企业得到的最低效用不能少于其保留效用或机会收益；后者则意味着规制者所设计的合同必须能够有效地甄别被规制企业的不同成本类型，使谎报成本者无利可图，这要求规制者必须给予说真话的企业一定量的信息租金作为补偿。假设企业共有两种成本类型：高成本或低成本。企业知道自己的类型，但规制者不知道。这里假定不存在道德风险问题。根据梅耶森（Myerson. R, 1979）的显示原理（Revelation principle），任何一个机制所能达到的均衡配置结果都可以通过一个满足代理人参与约束和激励相容约束的直接机制信号空间（或类型空间）来实现。因此，在这种情况下的激励规制机制的设计，需针对企业的成本类型，设计出在其类型给定的情况下对每一参与者都是一项最优选择的说真话机制。一种较常见的方案是提供一个包含两种合同的"菜单"：价格上限合同和成本加成合同，并让企业自己去选择。价格上限合同设计得使低成本类型的企业刚好实现收支平衡。由于企业在完全补偿了成本以后没有收益，因而当高成本企业也选择这一合同时就会出现亏损，所以不会选择价格上限合同。而高成本或低效率企业将选择成本加成合同，低成本或高效率的企业将不被允许选择成本加成合同。当规制机构致力于开发这种能够促使企业自主选择的合同菜单时，这种合同菜单要保证低效企业愿意接受并选择成本加成合同的同时，不会留给高效企业太多的信息租金。这种情况在合同理论中被称为完全甄别。当然，完全甄别企业类型是一件成本极高的工作，当甄别信息的成本超出信息租金时，也会导致市场运作无效率。合同菜单的设计类似于企业向客户提供不同的费率选项一样，如有的选项是低固定费率高使用价格，有的选项是高固定费率低使用价格。前者适应于使用次数少的客户，后者则针对使用次数多的客户。实际上，企业为客户设计服务菜单与规制者为被规制企业设计规制菜单是同样的道理，都是为了更好地对对象进行筛选。低固定费率高使用价格的选项（与成本加成相似）只能吸引使用次数少的客户，而对使用次数多的客户并不划算。这类客户更关心的是变动成本。当边际成本过高且直接影响其效用水平时，会迫使这类客户转向为他们设计的选项（与最高限价相似）；而方案中的高固定费率限制了使用次数多的客户的净收益，减少了寻租的空间。从社会福利看，规制者支付信息租金以诱使企业说实话可以为社会带来较低的价格并降低配置的低效率。可见，在不完全信息条件下，规制者面临如何在激励强度或效率（生产效率、配置效率）与信息租金之间进行权衡的问题。只要这种权衡关系达到一定的均衡，激励合同的实施最终所得到的将是一种帕累托次优状态。

德姆塞茨（Demsetz）于 1968 年在前人理论的基础上提出在政府规制中引入竞争机制，通过拍卖的形式，让多家企业竞争行业独占权。这就是特许经营权投标制（Franchise bidding）。采用这种规制方式，能够在投标阶段对服务质量及最佳服务价格形成比较充分的竞争，也就是用"市场的竞争"代替"市场内的竞争"。特许权竞争的意义在于：①提高了垄断性市场的可竞争性；②减少毁灭性竞争的范围和不良后果；③为规制机构提供了进行价格规制所需要的成本信息，降低了信息不对称。拉丰和梯诺尔进一步指出，如果规制合同越类似于价格上限合同，那么投标者的数量就越多，信息不对称程度就越低。

雪理佛（Shleifer）在 1985 年提出了区域间比较竞争（也称标尺竞争，Yardstick competition）的理论模型，用来开展不同地区之间垄断企业的间接竞争，以刺激垄断企业提高效率，降低成本、改善服务。标尺竞争的意义还在于为规制机构提供了被规制企业真实成本信息的参考，降低了信息不对称的程度。

拉丰（Laffont）和梯诺尔（Tirole）通过模型证明，规制者向受规制企业提供附带相对绩效评估或标尺竞争的价格上限合约就可以达到最优规制状态。当然，前提是受规制企业具有可比性。

1.3.3 风险规制的理论分析

1. 电力产业中的风险

风险是一种客观存在的不确定状态，即风险是某种以一定概率发生且造成相应后果的状态。它的两个基本要素是事故发生的概率（probability）和事故造成的后果（consequence）。风险具有客观性、不确定性、易变性等特征。

电力产业风险，具有风险的一般特征，然而由于电力这一商品的特殊性，电力产业中的风险又具有独特之处。一般来说，它具有如下特点：

（1）电力产业中风险的产生具有客观性和必然性

电力产业中风险的客观性是指电能供需矛盾的改变、电价行情的涨跌、参与者的倒闭与破产等事件的发生，均是独立于市场参与者的主观意识的一种客观实在，而且，如果从一个较长的时期来分析考察电价的变动轨迹，以及有关参与者的经营管理状况，就必然会得出上述结论。这就是电力产业风险产生的必然性。比如说电能供大于求这一事件的发生并不是人为的，而是由于一定的原因而客观存在的，可能是发电能力的大幅度提高引起的，或者是产业的萧条造成的。产业的萧条必将引起电能需求的减少，从而供大于求又是必然的。

（2）电力产业中风险的产生具有偶然性和不确定性

尽管电力产业中风险的产生具有客观性和必然性，但我们并不能确切地知道风险出现的时间、地点、形式、危害程度及范围。这是因为风险所引起的损失后果往往是以偶然和不确定的形式呈现在人们面前，也就是说，风险的产生完全是一种偶然的、不确定的组合结果。电力产业中的风险是作为具有发生和不发生两种可能的随机现象而存在的，在一定条件下，人们可以根据经验数据的统计发现某一风险存在或发生的可能性具有较规则的变化趋势，这就为人们预测电力产业中的风险提供了可能。

（3）电力产业中风险的存在与产生具有可变性，即在一定条件下可以转化

这可以从两个方面来理解：一是由于人们识别风险、控制风险能力的增强，可在一定程度上降低风险所引起的损失的范围、程度及风险的不确定性，从而使某些风险不再存在，或风险即使存在，也已为人们所控制。二是随着现代科技的发展及其在电力系统中的应用，在给电力市场带来繁荣的同时也带来了新的风险和损失机会。如市场中的现代化通信系统，使得信息的传播更快捷，但也带来了诸如系统突然停止运行或者系统突然失灵等新的风险。

（4）电力产业中的部分风险也具有双重性

这既可能为参与者带来取得收益的机会，也可能带来遭受损失的危险，因此具有动态性和投机性。

（5）电力产业中的风险影响范围广泛，潜在的损失金额巨大

电力产业中的风险种类繁多，按照不同的划分标准，可分为以下几类：

①按照电力产业中风险产生的根源来划分，可分为自然风险、社会风险、经济风险、政治风险和技术风险五大类；

②按照电力产业中风险的对象的不同来划分，可分为人身风险、财产风险、责任风险和信用风险四大类；

③按照电力产业中风险的性质的不同来划分，可分为营运风险、信息风险、体制风险和法律风险四大类；

④按照电力产业中风险管理的标准不同来划分，可分为可管理风险和不可管理风险。

2. 电力产业中的风险识别

识别风险是风险管理的基础。风险识别包括认知风险和分

析风险两个阶段。认知风险指对所面临的电力产业中的风险采取有效的方法进行系统的考察、了解，认识风险的性质、类型及后果。分析风险是在认知风险的基础上，分析考察各种风险事件存在的后果及发生的原因。电力产业风险识别遵循的原则是：全面周详、综合考察、量力而行、科学计算。其基本方法是：失误分析法和专家调查列举法。

（1）发电环节的风险识别

在发电环节，按照风险的内容可大致将风险归为以下几种：①投资风险，包括装机容量风险、发电厂类别风险、选址风险等；②机组运营风险，包括成本风险、发电量风险、质量风险、安全风险等；③发电方电力报价风险，包括高报价风险、低报价风险；④备用风险；⑤违约风险，包括各种原因引起的违约造成的风险；⑥结算风险，指结算过程中由于各种原因生成的风险。

（2）输电环节的风险识别

输电环节中，按照风险的性质，可将风险大致归为以下几种：①投资风险，指线路或设备投资后利用率低而收不回投资的风险；②阻塞风险，指传输过程中由电能集中使用某些线路造成的风险；③安全风险，指传输线路或设备可能发生安全事故的风险；④调度风险，指电力传输过程中由于调度原因而造成的风险；⑤违约风险；⑥结算风险，指结算过程中由于各种原因生成的风险。

（3）配电环节的风险识别

在配电环节，按照其表现形式，大致可归为以下几种：①电价风险，具体指配电方高价买入电能后而低价卖出的风险；②购电方报价风险，包括高报价风险和低报价风险；③电量风险，指配电方购不到足够电力或不能完全卖出所购电力的风险；④电能质量风险；⑤安全风险；⑥违约风险；⑦结算风险，指结算过程中由于各种原因生成的风险。

3. 电力产业中的风险规制

由于竞争机制的引入，电力产业中存在着许多风险因素。为尽量避免和减少损失，保障经济发展的稳定性、连续性和人民生活的安定，对电力产业中的风险实施规制就很有必要。

（1）电力产业中的风险规制分类

①按照电力产业中风险的对象可分为电价、容量和备用风险规制等；

②按照电力产业风险的成因可分为客观与主观风险规制两类；

③按照涉及的范围可分为发电环节、输电环节、配送环节和用户环节风险规制四类；

④按照风险的承担主体分为发电方、输电方、配电方和用户方风险规制等。

（2）电力产业中风险规制的程序

①风险的识别：风险规制的基础。电力产业中的风险规制人员在进行实地调研后，运用各种方法对电力产业中潜在的及存在的各种风险进行系统归类和全面识别。

②风险的衡量：对特定风险发生的可能性或损失的范围与程度进行估计与衡量。只有准确地衡量风险，才有助于选择有效的工具处置风险，并实现用最小费用支出获得最佳风险规制效果的目的。

③风险规制对策的选择：在前述两个阶段即风险分析的基础上，根据风险规制的目标和宗旨，选择风险规制的各种工具进行最优组合，以便有效地处置各种风险。

④执行与评估：风险规制决策的实施及其效果的评价，实质在于协调地配合使用风险规制的各种工具。

（3）电力产业风险规制的方法

①控制法：在损失发生之前，实施各种控制工具，力求消除各种隐患，减少风险发生的因素，将损失的严重后果减少到最低限度的一种方法。控制法主要包括避免风险和损失控制两个方面的内容。

②财务法：风险事件发生后已经造成损失时，运用财务工具，比如风险自保基金，对损失的后果给予及时的补偿，促使其尽快恢复的一种方法，即电力市场中的有关参与者在损失发生后以经济手段作出对损失的补偿，包括风险的自留与风险的转嫁两种方法。

2

电力市场结构规制的
国际经验借鉴

本章考察了美、英、日三个国家的电力市场结构规制的最新成果，认为国际电力市场结构改革有一定的规律性，结合中国国情，借鉴国际经验，可以减少我国电力改革成本，提高电力市场结构规制改革的效率。

2.1 美国电力市场结构规制改革实践

2.1.1 美国电力市场结构规制的建立

美国电力产业在 19 世纪 80 年代一开始就产生了直流发电技术和交流发电技术之间的竞争。19 世纪 90 年代的早期，美国人发明了旋转变压器，它将直流电和交流电连接成一个统一的电力系统，解决了直流电和交流电系统的互联问题。统一的电力系统增加了发电厂商之间的竞争。在伴随竞争的电力企业兼并活动中，交流电占据了主导地位。1912 年，在大范围输电技术出现之后，美国电力行业竞争更加剧烈，加之负责向电力企业发放特许经营证书的地方政府在特许经营权的批准过程中存在不规范的行为，常常重复发放特许经营证书，这使电力公司处于一个更加不稳定的经营环境之中，并影响它们在资本市场上筹措资本。在这种情况下，为了使自己在激烈的市场竞争中获得保护，电力公司就谋求向州政府寻求规制保护。1906 年威斯康星州法院以不符合公共利益为由否决了另一家电力公司重复建立一个配电网络的申请，这成为规制权力从地方政府向州政府转移的开始。1907 年纽约州也采用了威斯康星州的做法，专门设立了公共服务委员会向私人电力公司颁发长期特许经营权，并负责对私人电力公司进行规制。这一创新很快被其他州效仿，到了 1920 年，已有超过一半的州采用了这种规制方法。而到了

20 世纪 30 年代，美国所有的州政府都实施了这种长期特许经营权的规制方法。州层次的电力规制体制就这样确定下来。

联邦层次的电力规制体制来源于范围输电技术的成熟。美国的电力行业在长期发展过程中形成了三大交流电网：东部电网、西部电网和 Texas 电网。这三大电网由 140 个垂直一体化的投资者所有的公用事业公司所拥有的输电网连接而成。在这 140 个公用事业所控制的输电网内部还有 2000 多个市政合作性质的配电公司，三大电网的运行和维护由构成三大电网的 140 个投资者所有的公用事业公司分别负责。为了使输电网络的所有者能够互相协调行动，联邦政府成立了全国电力可靠性委员会（National Electric Reliability Council，NERC），负责协调电网的运行和安全。电力可靠性委员会下设 9 个区域可靠性委员会负责与区域电网的运行有关的协调工作，而在 9 个区域可靠性委员会下面还有许多协调更小范围的区域电网实行二级区域可靠性委员会。组成三大电网的 140 个投资者所有的公用事业公司在规模上相差很大，十家控制面积最大的公用事业公司在负荷高峰时期的用电量合计占全国用电量的 41.5%，而十家控制面积最小的公用事业公司在负荷高峰时期的用电量合计只占全国用电量的 0.2%。

在美国的地方性特许垄断经营体制下，每个垂直一体化的公用事业公司在特许经营的地理范围内从事电力生产和供电活动。公用事业公司之间不会为了争夺零售客户而发生竞争，这就保证了它们之间的合作不会威胁到彼此的利益。为了获得合作的利益，公用事业公司会有互相联网的要求，也自然会产生维护和协调电网安全运行的需要，因为这对电网内的每一个公用事业公司都有利。公用事业公司之间的电力交易既可能是因为供电能力紧张或出现紧急情况的原因，也有可能是为了降低成本或者是为了对现有的发电能力进行有效利用。例如一些发电能力过剩的公用事业公司通过向其他公用事业公司出售电力使过剩的发电能力得到充分的利用，而一些发电成本较高的公用事业公司也愿意以低价从其他公用事业公司那里购买电力，因为在收益率规制下公用事业公司可以通过这种交易来增加自己的收益。公用事业公司之间的电力交易一般被分为两种类型：牢固交易和经济交易。牢固交易常常在输电网可以直接相连的公用事业公司之间进行。牢固（firm）一词的意思是售电方的供电义务是牢固的，只有在系统的可靠性出现问题的情况下才可以不履行义务，购电方在制定供电计划时可以将之视为自己拥有的发电能力。经济交易的购电方和售电方的电网互不相连，要通过其他公用事业公司的输电网才能完成交易，合同规定的供电时间往往以小时为单位。实践中这两种类型的交易可以逐步转换，有的经济交易可以持续几个星期甚至几个月，而有的牢固交易只能维持一年。经济交易比牢固交易质量低的原因是购电方向售电方购电需要其他公用事业公司提供输电服务。一般来说这种输电中间环节不能太多，如果输电环节太多就会增加输电协议无法履行的可能性，使交易双方无法完成电力交易。

联邦层次的电力规制体制还体现在：由于水电站的建立不但涉及电力行业，而且还涉及灌溉、航运等非电力行业的业务。为了综合解决这些问题，1920 年美国制定了《联邦水电法》。《联邦水电法》不但规定全国大部分水电资源属于联邦政府所有，而且具体规定了联邦政府对水电的规制权利和责任。联邦政府根据这一法案设立了联邦电力委员会（后来成为联邦能源规制委员会），专门负责为非联邦的水电发展项目发放执照，并对电力批发交易进行规制。

此外，在美国的电力市场结构中还存在着一定数量的电力合作组织，这些电力合作组织大多位于美国的边远地区。为了鼓励边远地区的电力发展，20 世纪 30 年代联邦政府就开始对边远地区成立的电力合作社提供补贴，并专门成立了边远地区电力化管理局（Rural Electrification Administration，REA）为边远地区和小城镇的电力合作社提供货款、供应联邦电力和税收减免的优惠，REA下属的电力合作社不受州和联邦政府规制。这些措施使农户用电的比重在1941年达到35%，而在1932年只有10%的农户能够用电。

直到20世纪90年代，美国的电力产业仍然维持着上述30年代确立的市场结构。

2.1.2　美国电力市场结构规制的改革

1978年，美国通过了《公用事业公司管制政策法》，该法案允许企业建立热电联产及利用可再生能源电厂，并出售电力给地方公用电力公司。电力公司应当收购，公用事业公司有义务购买拥有合格生产能力者出售的电力。该法案还规定了非公用事业公司的投资者和公用事业公司之间的电力交易由州公用事业委员会规制，联邦能源规制委员会负责为美国公用事业公司制定具体的规制准则。联邦能源规制委员会允许公用事业公司和独立发电商签订长期购电合约，但没有就此作出明确要求。有一些州的公用事业委员会要求公用事业公司和独立发电商签订这种合同，因为这种长期合同可以为独立发电商进入发电市场提供保障。长期购电合同刺激了独立发电商的迅速发展。1991年，独立发电商的发电量已占美国电力销售量的8.8%。尤其是在那些电价水平较高的州（如加州、德克萨斯州、路易斯安那州），独立发电商在电力销售量中所占的比重都超过20%。

一方面，独立发电商的迅速发展成功地将竞争引入发电部门，并对美国电力体制改革提出了新的要求，因为传统的特许垄断经营体制已经不能适应发电部门的竞争要求。尤其是垂直一体化的公用事业既参与发电市场的竞争，又掌握着关键的输、配电网络，这样就难以保证发电市场竞争的公平。美国电力行业的进一步改革势在必行。另一方面，随着独立发电商的迅速发展，这些新进入发电市场的投资者已经形成了势力较大的利益集团，在政治上得到了大量的支持，甚至部分公用事业公司也成立了附属公司进入独立发电市场，因此电力改革只能继续进行下去，而不可能倒退回原先的垂直一体化的特许垄断经营体制。

1992 年，为了进一步促进电力批发交易市场的竞争，美国国会通过了《能源政策法》（EPACT），授权联邦能源规制委员会（FERC）放松对输电接入的规制。而在此之前，FERC 被要求在批准输电接入时不得影响现有的公用事业公司之间的竞争关系。尽管《能源政策法》已经大大地放松了对输电接入的规制，有助于进一步推动发电市场的竞争，但是由于美国的三大电网是由 140 个互相独立的私人投资者所有的公用事业拥有的输电网连接而成，这就意味着如果输电交易双方的距离较远，不得不同众多的输电网络的所有者分别签订输电服务协议，这就大大增加了输电服务的交易成本。在传统的输电交易方式下，输电交易合同的具体条款由拥有输电网的所有者——公用事业公司决定，输电交易都是自愿进行的。然而随着《能源政策法》的出台，这种传统的以自愿交易为主的输电交易模式已经无法继续维持下去，因为联邦能源规制委员会在法律的授权下将会积极推动输电交易。

1996 年，联邦能源规制委员会发布第 888 和 889 号命令，要求垂直一体化的公用事业公司对所从事的发电、输电和配电业务进行分别定价，向所有的外部竞争者开放输电服务。这是对公用事业公司实施功能分离的改革，以进一步开放发电市场，推动电力批发市场的竞争。然而这种结构分离的改革效果非常有限，因为它没有触及美国电力行业的关键问题：高度分割的输电网络对发电市场竞争的不利影响。这种高度分割的输电网使得垂直一体化的公用事业公司可以利用其所拥有的输电网对独立发电商进行不公平竞争。尽管各州公用事业委员会都尽量推动州内的公用事业公司实施输电网络的一体化，以减少州内电力交易的障碍；但是，即使美国的每个州都只有一个单一输电网，这比目前的 140 个单一电网的数量要大大减少，但是仍然存在着如何对跨州交易进行协调的问题。显然解决问题的唯一办法是尽量鼓励成立地区性的输电组织，以减少输电交易的成本。

1999 年 12 月，美国联邦能源规制委员会发布了 2000 号命令，要求公用事业公司在自愿的基础上组建地区性的输电组织（Regional Transmission Organizations，RTOs），由地区性的输电组织对输电业务进行统一的安排。这种地区性的输电组织可以是独立系统运行者（Independent System Operator，ISO）也可以是输电公司（Transmit co.）或电网公司（Grid co.）。它们都能够有效扩大输电网的规模，提高输电效率。实际上地区性的输电组织在美国并不是新生事物，美国东北部地区的公用事业公司就在长期的电力交易过程中逐步形成了一体化的电力库，以便在联合的输电网络中自由地进行电力交易。这种一体化的电力库就是地区性输电组织。

在联邦能源规制委员会的推动下，美国出现了一些新的地区性输电组织，这些新组建的地区性输电组织大都采用独立系统运行者的组织形式，主要有加州（CAISO）、宾夕法尼亚—新泽西—马里兰州（PJM）、纽约（NYISC）、新英格兰（ISONE）、德克萨斯（ERCOT）和中西部（MISO）的一体化地区输电组织。这些地区性输电组织也成为地区电力市场的运行者，它们不但要组织输电交易、维护输电网的安全运行（ISO），还要组织电力交易、负责电力交易合约的履行和结算，也就是承担起地区电力市场的组织者和运行者的职责（PX）。

2.1.3　美国电力市场结构规制改革出现的问题

在联邦和州规制机构的积极推动下，20世纪90年代后期主要有加州、宾夕法尼亚—新泽西—马里兰州、纽约、新英格兰、德克萨斯和中西部地区的一些州陆续成立了一体化地区输电组织。这些新组建的地区性输电组织大都采用独立系统运行者的组织形式，由ISO负责地区性电力市场的运行。在这些地区输电组织的运行过程中，都发生过电力交易市场上电价波动幅度太大的问题，但是在采取了针对性的解决措施后，这些问题大都得到了解决。只有加州的地区电力市场由于发电商的市场势力以及发电能力的短缺，电价的波动最后发展为电价水平的猛烈上涨，演变为举世震惊的电力危机。

加州的经济规模仅次于英国，是世界上第五大经济体。上世纪70年代末和80年代初加州的公用事业公司建立了许多高成本的原子能电站。在原有的规制体制下，这些成本都由消费者承担，这使加州的电价水平很高，1993年美国的平均零售电价是每千瓦时6.9美分，而加州却为每千瓦时7.9美分，因此消费者强烈要求州规制当局开放电力批发市场来降低电价水平。但是对于加州公用事业公司来说，电力市场放开后，它们在原子能电站上的投资就有可能沉没。它们要求在电力市场重组的过程中政府必须让它们收回这些沉没成本，而消费者却希望由公用事业公司的股东来承担这些损失。1996年加州的立法机构通过了电力重组法案，该法案解除了对发电部门的规制，并开放了供电市场，但输电和配电仍然接受规制。为了解决公用事业公司的沉没成本问题，该法案规定了一个过渡期，在过渡期阶段将零售电价固定为每千瓦时6美分，批发电价和零售电价之间的价差用于弥补公用事业公司的沉没成本。在公用事业公司的沉没成本回收完毕后，再将零售电价直接与批发电价挂钩。这一过渡期在 2002 年 3 月结束。

经过两年的讨论和准备，新的批发电力市场在 1998 年 4 月开始运行。新市场由两个市场组成：一个市场是独立系统运行者（ISO）对交易双方的交易进行输电安排的市场，这是一个合同交易市场。另一个市场是加州电力交易所建立的在电力交易前一天运行的电力库市场，它通过投标解决供求双方的平衡问题。从 1999 年开始，加州电力交易所还设立了电力远期交易。为了解决电力市场结构问题。1998 年，州规制部门要求三个最大的公用事业公司在一年之内将它们拥有的全部天然气发电站出售给另外 5 家公司。这些天然气发电站的发电能力约占全州发电量的 30%～40%。

在新的电力市场投入运行后，就存在价格大幅度波动的问题，到了 1999 年 10 月，由独立系统运行者（ISO）调节的实时市场（Real - time market）上的电价有时已上升到 750 美元/兆瓦时，而规制机构规定的价格上限是 250 美元/兆瓦时。但是电力市场上每个月的平均批发价格还低于 50 美元/兆瓦时，这表明市场的供求关系还能基本保持平衡。到了 2000 年 7 月，市场的供求平衡被彻底打破，独立系统运行者已无法采购到足够的电力来满足需求，平均批发电价上升到每千瓦时 10 美分，而公用事业公司的零售电价却被固定在每千瓦时 6 美分。在此情况下，公用事业公司亏损严重。2000 年 11 月以后，加州的天然气价格突然从每百万 BTU（British thermal units，热量单位）4～6 美元上升到 30 美元以上。这推动了电价的进一步上涨。2001 年春天，电力批发市场上的平均电价比去年同期高 10 倍，公用事业公司已陷入破产的困境，并失去了支付能力。加州政府不得不进入电力批发市场代替公用事业公司进行电力采购活动。

2001年春季，每个月支出10亿美元购买电力，同时将零售电价提高了40%~50%。

2001年3月，加州最大的公用事业公司太平洋煤气和电力公司宣布破产。直到2001年6月初，由于加州的天然气市场上的天然气价格突然暴跌，每百万BTU从10美元下降到3美元，电力价格才开始回落。到了2000年7—8月，现货市场上的电价也下降到危机前的水平，加州的电力市场逐步恢复了正常。

加州电力危机产生原因是复杂的，其中主要原因之一就是发电商的市场势力问题。许多实证研究的结果表明加州的电力市场上存在着市场势力。尽管在电力市场建立之前加州的公用事业委员会为了保证发电市场的公平竞争，要求加州的三大公用事业公司将它们拥有的全部火力发电站出售给其他发电公司，以便使加州的任何发电厂商的装机容量都不超过全州总的发电装机容量的10%，但是在电力供应能力不足的情况下，发电商不需要拥有很高的市场份额就可以操纵电价。例如在电力负荷高峰时期，当供求缺口为2%的时候，一个发电装机容量占总装机容量的比重为3%的发电厂商就可以对电力市场上的电价产生很大的影响；而其他发电厂商则非常乐意配合这一厂商哄抬电价，因为这样做全体发电厂商都能得到好处。在这种情况下防范电价风险的最好方法是签订价格固定的长期购电合同，使发电厂商减少操纵现货市场电价的收益。但加州的公用事业公司在出售发电资产时，没有与购买这些发电资产的发电公司签订长期供电合同，而是过度依赖现货市场来采购所需的全部电力。这不但鼓励了发电公司操纵现货市场的电价，也使自己暴露在价格风险之中。

2.1.4 美国电力市场结构规制的发展

美国电力市场结构规制改革暴露的问题表明：美国电力市

场的稳定运行需要完善的市场规则和充足的基础设施（电源、电网）建设。2002 年 7 月，联邦规制委员会 FERC 提出了"标准市场设计"（SMD）。其主要设计原则为：电网或输电公司必须把调度权移交给独立输电提供者（ITP），但所有权不变；独立输电提供者负责现货批发市场、平衡市场的运行及辅助服务和阻塞管理，并确定价格上限；大部分交易通过买卖双方的长期和短期合同来实现。

美国标准电力市场设计（SMD）的构成：

1. 附带阻塞费用的新形式输电定价系统

输电阻塞管理是电力市场设计最困难的问题之一，任何有效的阻塞管理方法都将对阻塞线路的使用进行收费。SMD 通过建立"金融输电权"（FTR）进行输电阻塞管理，购买了 FTR 后就使通过电网瓶颈的输电价格不变（不受线路阻塞导致电价波动的影响）。这种方法可使出价最高的用户获得这种权利，还可给出何处需要投资以便消除瓶颈的信号。

2. 对发电容量充裕度的规定

为促进长期投资并防止滥用市场势力操纵电价，SMD 规定为零售用户提供电能的公司必须在高峰负荷的基础上安排 12% 的备用容量。

3. 电力需求的"弹性"

尽管在批发市场电力消费量大时电价会升高，消费量小时电价会降低，但对用户来说购电电价是固定的，导致电力需求的无弹性。SMD 主张电力消费量大（而批发电价也趋于涨价）时向用户发出使其自动限电的信号（也就是为市场提供"弹性"），并建议用降低负荷的办法来满足在尖峰负荷时备用容量不足的问题。降低用电负荷可以削平重负荷时期的消费量尖峰（此时电价也往往最高），因此可以起减少电价波动的作用。

4. 输电服务

售电商在进行电力交易时无需向经过的每一个具有输电设

备的电力公司付费，只需付一次上网费和一次全区的输电费。由于相互竞争的电力供应商能得到无歧视的输电服务，资源配置的效率相应提高。

SMD 的规则和阻塞管理的措施使电价更透明，通过鼓励用户对电价信号作出反应而采取降负荷等手段，减小了市场势力。由于要求大部分电量要通过长期合同购买，也减小了近期现货市场电价波动的可能性，使电力市场的投机行为明显减少。

2.2 英国电力市场结构规制改革实践

2.2.1 国有化时期英国电力市场结构规制

1926 年，英国政府成立了中央电力局（CEB）来负责全国电网的建设。中央电力局的产权属于国家所有，但是有很大的自治权，员工的工资很高，可以通过发行固定利率债券来筹集资金。中央电力局（CEB）将全国电网的电压和频率定为 132 千伏和 50 赫兹。而在此以前，英国电力市场结构是由众多的垂直一体化的电力企业组成。它们都拥有自己的电网，没有统一的电网电压和频率方面的标准，因此各种电器设备都无法异地使用，这给电器设备的制造和消费都造成了很大的不便。中央电力局成立后，英国各地电网的电压和频率有了统一标准，并从全部收入中拿出 1% 用于各地的变压器改造。1933 年 9 月，中央电力局将全国 7 个独立的地方电网联结起来，实现了全国联网。全国电网建成后并没有立刻作为单一的电网系统运行，直到 1936 年才实现了单一系统运行。英国的煤炭资源集中在英国北部地区，而南部地区能源短缺。这样，全国电网建成后，北部地区就可以向南部地区供电。

　　全国电网的建设和顺利运行，对电力行业的发展起了很大的促进作用，但这并不意味着电力行业的市场分割问题得到了彻底的解决。配电部门仍处于小公司割据的状况，而且这些小配电公司之间根本不愿进行合并。在这种情况下，直到第二次世界大战爆发前，英国的配电部门仍然是小公司林立、彼此割据。第二次世界大战结束后，英国面临着在战后重建经济的问题。由于战争对社会财富的破坏，人们也希望尽量减少低效率和浪费行为。这就为解决英国配电部门的市场分割问题创造了条件，1947年，英国国会通过了要求对电力行业实施国有化的《电力法》，并根据《电力法》设立了英国电力局（British Electricity Authority，BEA），英国电力局下属14个地区电力局以及537个发电和配电企业，其中180家为私人电力企业，357家为市政电力企业。英国政府发行了3.41亿英镑的电力股票来收购180家私人电力企业，并向357家市政电力公司所在的地方政府支付了500万英镑。1952年，南苏格兰和北苏格兰地方电力局以及下属的发电厂从英国电力局独立出来，在剩余的12家地方电力局基础上组建了中央电力局（Central Electricity Authority，CEA）。1958年，英国又成立了电力委员会（Electricity Council）和中央电力生产局（Central Electricity Generating Board，CEGB），中央电力生产局接管了中央电力局的全部发电和输电业务，配电业务仍然由12个地区电力局特许垄断经营。电力委员会由中央电力生产局和12个地区局的主席以及两个中央电力生产局的代表组成，它的职责是向工业大臣提建议并帮助协调电力政策，但是没有决策权。1958年形成的电力规制框架延续了32年，一直到1990年实行电力私有化之后才发生变化。

　　尽管英国政府对电力行业实施了国有化，但是国有化后的英国电力行业并没有被彻底垂直一体化。中央电力生产局负责发电和输电业务，12个地区电力局负责配电业务，中央电力生产局以网上供电价格向地区电力局出售电力，后者再以零售价格转售给特许经营范围内的消费者。与此同时，地区电力局又是中央电力局的下属机构。它们之间只是分工不同而已，因此，这种产业组织结构实际上还是垂直一体化。

2.2.2 私有化后的英国电力市场结构规制

国有化时期，英国电力行业存在的最大问题是投资成本太高。在这段时期里，英国政府为了扶持本国的落后产业而不愿进口国外的技术，这使英国原子能发电站的投资成本非常高。英国发电站的投资成本比其他发达国家高 50% ~ 100%，而工期则是其他国家的两倍。除了投资成本高之外，国有化时期英国电力部门向煤炭部门的煤炭采购价格过高是电力行业存在的另一较为严重的问题。在煤炭工人的政治压力下，英国政府多次拒绝了中央电力生产局从国际市场进口煤炭的申请。20 世纪 70 年代，英国开发了北海油田，但是为了保护煤炭行业的利益，英国政府却不允许中央电力产局采用便宜的北海天然气发电，这一切都增加了电力供应的成本。1993 年，英国贸易和工业部发表报告认为，"在 1979—1992 年间政府向煤炭行业提供的补助达 180 亿英镑，仅电力部门在 1990—1992 年之间就因为高价购买煤炭使煤炭行业每年多收入 10 亿英镑"。据估计，在 1979—1992 年间，电力部门向煤炭部门支付的补贴相当于电力部门销售收入的 19%。由于燃料成本的增加，电价平均上涨了 5%。除了纳税人之外，电力消费者也向煤炭行业支付了大量的补贴。英国社会公众普遍认为电力行业的管理机制僵硬、官僚、封闭，在经营决策上受利益集团的控制，这种令人失望的局面只有通过私有化才能打破。1988 年 2 月，英国能源部发表《电力市场民营化》白皮书，决定对电力行业实施私有化。

1989 年 7 月，英国通过了新的《电力法》，并根据新的

《电力法》对电力行业实施重组。1990年3月，英国电力生产局被拆分成国家电网公司、国家电力公司、电力生产公司和原子能发电公司。中央电力生产局所有的燃煤发电站被重组为国家电力公司（拥有60%的装机容量）和电力生产公司（拥有40%的装机容量），所有的原子能发电站被重组为原子能发电公司。国家电网公司继承了中央电力生产局的全部输电资产和输电业务，中央电力生产局下属的12个地区电力局被改组成12个地区电力公司，国家电网公司由12个地区电力公司共同拥有，垄断经营全国输电业务。在重组完成后，英国政府陆续向公众出售股票：1990年12月，将12个地区电力公司的股票全部向公众出售，1991年3月，将国家电力公司和电力生产公司的60%的股票向公众出售，剩余的40%的股票在随后的四年内陆续向公众出售。为了保证私有化的成功，英国政府在股票定价上对投资者进行打折出售，并允许外国投资者购买股票。许多美国的电力公用事业公司乘机购买了不少英国地区电力公司的股票。私有化之后，英国电力行业从原先的垂直一体化的产业组织形式转化为发电、输电、配电互相独立的产业组织结构，在供电方面先开放了由5万个大客户（用电量约占发电量的一半）组成的大用户供电市场，允许这些大用户自由选择供电商。与此同时，小客户的供电市场则暂时继续由地区电力公司特许垄断经营。进一步的改革计划是在1998年9月到1999年7月之间开放小客户的供电市场。英国政府对电力行业的重组和私有化引起了全世界的关注，因为英国是第一个为了引入竞争而对电力行业实施垂直分离的国家。与此同时，电力也是英国第一个被全行业分拆出售的自然垄断行业。

私有化之后，所有的电力批发交易通过网上电力供应市场（Bulk electricity supply market）进行，这是一个竞争性的电力库市场，用竞争性投标的方式来决定发电资源的配置和批发市场电价，电力库市场由国家电网公司负责维持运行。国家电网公司既是电力库的"独立系统运行者"，又是电力批发市场的"独立市场运行者"，负责电力批发交易市场的市场出清（Market clearing）、结算和支付系统。电力库市场在第一年的运行情况非常好，尤其是电力库市场的系统边际价格（SMP）的下降幅度大大出乎英国政府的意料，有时甚至低于发电厂商的边际成本。在英国电力库市场建成后的第一年里，向 5 万个大客户供电的非特许经营市场上的供电价格下降了 30%，这使英国的电力改革经验受到其他国家的高度重视。

但是实际上这一切只不过是发电厂商为了尽快完成和英国煤炭公司之间合同而采取的权宜之计。当这些合同完成后，它们就开始提高了向电力库市场的报价（尽管这时的煤炭价格已经开始下降）。在随后的时间里，电力库市场上的电价就开始上涨。到了 1992 年，人们已经开始讨论国家电力公司和电力生产公司在电力库市场上的市场势力问题，因为它们不但左右了电力库市场上的报价，而且它们的报价高于边际成本。1991 年以后，电力库市场上按时间加权的月平均电价已经恢复到电力改革前的电价水平，并在以后的时间里继续上升。在 1990 年 4 月电力库市场刚建立时，按时间加权的月平均的电价都低于每千千瓦时 20 英镑。到了 1993 年夏天，已经快要上涨到每千瓦时 30 英镑，电力库市场的电价引起了人们的普遍关注。

出现这种市场操纵现象的关键在于国家电力公司和电力生产公司的规模过大，使电力库市场成为双头垄断市场。Green 和 Newbery（1992）认为，在双头垄断的市场结构下，垄断者按照利润最大化的原则确定的产出和价格水平将使市场价格远高于边际成本，并会产生比较严重的社会净福利损失。如果在位的厂商有五个，而且这些厂商彼此之间不发生合谋的话，市场就达到类似完全竞争状况。在这种情况下，市场价格就会达到竞争性水平，也不会出现双头垄断下的社会净福利损失。

国家电力公司和电力生产公司在电力库市场的电价操纵行为终于引起了电力规制办公室对电力库市场的规制。1993 年，电力规制办公室认为最近一段时间以来电力库市场上的电价上涨是无法被证明为是正当的（unjustified），要求国家电力公司和电力生产公司两年之内将电力库市场的年平均电价降低到每千千瓦时 24 英镑，否则就要将它们提交给英国垄断和兼并委员会进行裁决。但是直至 1999 年，发电的燃料成本（煤炭和天然气）都在不断下降，而电力库的电价水平却不时上涨。和 20 世纪 90 年代开始电力改革的其他欧洲国家（德国、瑞士、挪威、瑞典）电力批发市场上的电价相比，英国电力批发市场上的电价水平最高。在这种情况下，无论是消费者（尤其是大工业用户）还是电力规制办公室都要求对电力库市场实施改革。1998 年 10 月，英国贸易和工业部在发表的白皮书中宣布将要用一系列双边市场来取代电力库市场。

2.2.3 英国电力市场结构规制新模式

英国电力市场在经历了私有化过程及建立 Pool 模式的市场结构 10 年后，又在新的《公用事业法案 2000》（Utilities Act 2000）指导下实施了巨大的改革。该法案在 2000 年 7 月 28 日得到议会批准，有效地促使电力市场的框架和工业结构发生了根本变化。这表现在：设立了新的管理机构 OFGEM（Office of gas and electricity markets）和新的用户组织（Energy watch）；建立了新的电力交易机制 NETA（New electricity trading arrangement）；配、售电业务的分开，实现了用户侧市场的完全开放；引入了新的经营执照标准，重新规定了所有市场参与者的责任、权利和义务。

新的电力交易机制 NETA 的第一阶段于 2001 年 3 月 27 日开始实施。在英国电力市场（仅包括英格兰和威尔士），以双边合同为主的 NETA 模式已完全取代了集中交易的 Pool 模式。双边交易可通过面对面的方式或在任意一个电力交易中心（Power exchange，PX）中进行，交易的数量、方式、时间、地点非常灵活方便。目前双边交易量占总交易量的 97%～98%。NETA 模式还包括平衡市场和不平衡结算机制。

通过分别申请、颁发配电和售电执照，英国电力市场目前已实现了配、售电业务的彻底分开，出现了若干个地区配电系统运营商（Distribution network operators，DNO）和售电商（Suppliers）。所有的用户，无论其规模大小，均可自由选择售电商，从而实现用户侧市场的完全竞争。配售电业务方面竞争激烈，重组、并购工作一直没有停止。这种全新的市场机制实行一年多来，取得了显著的成效，主要体现为电价明显下降，系统运行平稳。用户拥有更多的主动权，其利益得到了保证。NETA 的实施使电力市场更具有竞争性，并取得了很大的成功，主要体现在：① NETA 是更为有效的竞争交易方式。高于 97% 的电力像其他商品一样在合同市场出售，剩余的 2%～3% 的电力利用平衡机制完成。② 电力价格稳步下降。与 1998 年相比电价下降了 40%，其中自 NETA 启动以来，价格下降约 20%。工业和商业用户明显地享受到了电力价格下降的益处。③ NETA 启动 12 个月时，远期合同数量增加了 150%。④ NETA 运作方式被证明是很稳健的，电价未出现大的波动。

2.3 日本电力市场结构规制改革实践

2.3.1 日本电力市场结构规制改革进程

日本电力行业原来是私有私营的。1937—1946 年间，因战争原因，日本将各私人公司收归国营，统一由国家经营，结果形成国有国营局面。1951 年 5 月，日本政府根据《战后电力工业重组法》对电力工业实行改组，将战时保留下来的带有国营性质的日本发送电公司及九家配电公司按地域分成九部分，每部分由一家电力公司继承原来日本发送电公司的发电企业和输、配电网络（北海道、东北、东京、中部、北陆、关西、中国、四国及九州）。日本电力事业法规定，一个地区只能有一个输、配电网络，目的是防止重复建设。因此，分拆后的日本各地电网，都由一家企业垄断经营，一个地区只有一个电力公司供电。九家同时拥有电厂和网络设备的公司在各自经营地域形成了发、输、供垂直一体化的经营体制。对日本发送电公司的分拆，在输配电领域并未引入竞争。九大私营区域电力公司均已发展为上市公司，实行总公司、分公司的管理体制，内部管理组织结构基本为职能制形态。

1952 年政府和九大电力公司投资建立了一个公私合营超区域的电力公司——电源开发公司（EPDC）。该公司 2/3 的股份归属于国家，其电力企业分布于日本全境，拥有不同类型的电站和输电干线，总装机容量为 1637 万千瓦，实力在日本电力企业中排名第五。1997 年 6 月，日本政府通过决议，计划于 2003 年秋季将 EPDC 单独完成私有化。由于 EPDC 拥有整套覆盖全国的发电和送电网络，持有 EPDC 1/3 股权的九大电力公司担心其进入电力零售市场会对自己构成威胁，因此他们不愿卖出其所持有的 EPDC 股权。目前这一私有化计划能否实现仍是个问题。

此外，1955 年九大电力公司和电源开发公司又共同投资建立了核电开发公司（JAPS），负责核电站的建设和运行。1972 年，又成立了第 10 家私营区域电力公司——冲绳电力公司（仅经营发电业务）。在日本还有 34 家市、县政府经营的发电公司、20 家联合投资性电厂和其他发电设施。

10 家私营区域电力公司（九大电力公司和冲绳电力公司）属于"一般电力事业"，实行发电、输电、配电和售电垄断经营管理。根据《电力事业法》的规定，这 10 家电力公司都有固定的供电区域。其他电力公司属于独立的发电公司（Independent power producer，IPP）所生产的电力全部由一般电力事业公司收购，称为趸售电力事业。由于大部分趸售电力事业是一般电力事业所投资的，所以其建设需要得到当地一般电力事业主管单位的许可。

日本九大电力公司以管辖区域为基础形成了九大电网，电网互联工作从 1960 年开始。东京、东北、北海道 3 个电网使用 50 赫兹系统，内部互联；关西、中部、九州、中国、四国、北陆这 6 个电网使用 60 赫兹系统，内部采用 500 千伏输电线路互联。两个不同频率系统之间通过设在佐久间（300 兆瓦）和新信浓（600 兆伏）的两个变频站连接。至 1999 年 3 月，除冲绳外，日本已实现了全国联网。由于日本的一次能源基本都是依赖进口，九大电力公司之间电源结构趋同，因此在日本不存在北电南送、西电东送问题和电源结构调整的问题。所以日本九大电力公司电网之间是弱联系，电量交换的比率仅为 6.4%，交换的电量很少。

2.3.2 日本电力市场结构规制改革的主要部门

日本政府电力市场规制改革主要由通产省负责，具体工作由通产省内的资源能源厅处理；为审查各电力公司的新建工程，在通产省下成立了电力审议会；为协调九大电力公司和电源开发公司（EPDC）之间的关系，1958 年成立了中央电力委员会，下设管理委员会负责日常事务；为管理电力公司之间的联网调度，成立了中央调度联络执委会；为进行电力行业管理，成立了日本电气事业联合会，负责行业管理和统计，代表电力行业出席众议院会议，接受议员对电力行业的质疑和咨询。此外，还有日本电力调查委员会、海外电力调查会、日本核能会议、日本电气计量检定所和日本电气用电试验所，分别行使一定的电力管理职能。

日本政府对电力行业实行规制的目的一是避免消费者利益因公共电力企业垄断而受侵害，二是保证供电的可靠性，三是允许电力企业得到合理的投资回报。

2.3.3 日本电力市场结构规制改革的具体措施

1. 发电领域

日本只经营发电的电力公司，除一家（冲绳电力公司）是由日本发送电公司分拆而来外，其他均由原来工业企业的自备电发展而来。在日本发送电公司垄断日本全国电力时期，一些用电量较大的企业，如一些造纸、钢铁、制铝企业，认为向日本发送电公司购买电力不如自己发电便宜，因此自建了自供电厂。1964 年日本政府颁布了《电力事业法》。1995 年经首次修改后于 1996 年 1 月 1 日颁布实施。该法规定除上述的企业自备电厂外，其他的垃圾电站、新能源电站在满足自发自用的前提下，电力公司有责任收购剩余电力，为这些公司的剩余电力上网扫除了障碍。这些特定电力企业经过通产大臣的批准，还可以向特别指定的用户供电，并承担全部供电责任。

《电力事业法》还规定了电力公司今后 5～8 年内新建的发电设备，必须在社会上公开向独立的发电公司（Independent power producer, IPP）招标，但以开发建设期短的中小规模的火力发电厂为招标对象，而对需要长期开发的大规模电源，仍由电力公司开发建设。1996 年开始，各电力公司公开向社会招标，实际情况是投标容量为招标容量的 4 倍，报标者十分踊跃，并且中标电价比招标价低 10% 左右。大规模的 IPP 电厂不断出现，而 IPP 电厂对于开发周期长的大规模电源项目也有参与的愿望。中标者多为钢铁业、炼油厂等单位，因为他们有效利用了空闲的场地、交通设施和休产油渣等燃料，从而比电力公司新建电厂的发电成本低。如此后神户制钢所建的 2×70 万千瓦煤电即使以低价上网，其资金利润率仍高于钢铁，且合同期为 15 年。

1999 年，日本政府为了使电价和国际水平看齐，再次修订《电力事业法》，加大了发电环节的改革。具体方案如下：确保电力公司与 IPP 平等有效的竞争；IPP 只要向政府备案，便可对用电大户零售电力，且售电区域、售电方式、售电价格不受限制；IPP 供用电大户零售电时，可有偿使用电力公司的电网和线路，但需按政府批准的电力公司拟定的托送费标准交付托送费。

截至 2001 年底，向政府备案的零售电企业共 9 户，装机容量为 108.89 万千瓦，美安然公司在日的子公司亦宣布拟建 3 处发电厂，从事电力零售业务。这说明日本用电大户的零售市场效益不错。

然而我们也要看到日本对发电环节的改革取得一定成绩的同时，私营区域电力公司过于注重经营的效率与获利。出于发电成本考虑，倾向于大规模发展核电，而忽视公众利益，发生了大量核电丑闻。2011 年 3 月 11 日的福岛大地震发生后，福岛核电站供电系统的冷却系统失灵，辐射泄漏。4 月 7 日，一次里氏 7.4 级余震再次致使一些核电站外部供电短暂中断。这与过去电力公司一直鼓吹自己电力供应稳定无忧的状况大相径庭。2004 年，关西电力美浜核电站 3 号机组发生配管破裂事故，造成五人死亡。2005 年，宫城县发生地震，东北电力的女川核电站机组停运。2007 年，东京电力再次曝出核电站数据篡改丑闻。2007 年，北陆电力志贺核电站隐瞒 3 号机临界事故被披露。2007 年 7 月，新泻县地震引发柏崎刈羽核电站变压器发生火灾。2009 年，九州电力的玄海核电站 3 号机组发生临界事故。

2. 输电领域

日本的输电成本 1996 年度约为 4 日元/千瓦时。用户满足于现在的供电可靠性，同时又希望降低供电价格。为此，1997 年 7 月政府召开电力事业审议会，决定成立电力改革基本政策研究委员会。通产大臣提出委员会研究工作的方向是：为了降低电力成本，找出应当发展什么样的电力事业。委员会研究的结果是：输电网的设备占电力公司固定资产的比例较大，但却保证了供电可靠性；在输电领域很难引入市场竞争机制，很难通过市场竞争来降低成本。今后只能在努力找到保证供电可靠性和降低供电成本的平衡点方面下工夫。1999 年，日本政府出台了第二次修订的《电力事业法》。此次改革，日本电力零售市场被部分解除规制，由于新的市场进入者的电价低廉，一些大的电力供应商为了保住自己的既得利益，采取不正当做法阻止新来者进入电力市场。大电力公司采取的做法是根据送电距离和区域收费，这对新入市场者和电价竞争都不利。此外不允许企业把多余电力转卖给其他企业。为维护公平的市场秩序，日本修订了 1999 年版本的"电力市场交易导则"，这样某些电力公司的上述做法被视为非法。政府有关部门建议新入市场者向电网公司付统一过网费，而不管送电距离如何，还建议允许企业销售多余电力给其他企业，认为这是竞争的好方法。

3. 售电领域

1995 年修订的《电力事业法》没有在日本电力市场的售电领域引起大的变化，1999 年日本政府出台了第二次修订的《电力事业法》。其主要针对的是售电环节，放开了占市场份额 30% 的特别高压用户（电压 20 千伏，用电 2000 千瓦以上，通常也称为大宗用户），允许这些用户自主选择电力公司，直接参与电力零售。为特别高压用户供电的企业，除负责该地区供电的电力公司外，其余被称为特定规模电力企业（PPS）。PPS 没有自己的电网，必须使用电力公司的电网向大宗用户供电。新《电力事业法》颁布实施后，2000 年 3 月起，日本允许容量 2000 千瓦及以上且供电电压 20 千伏以上的用户自由选择供电商。这部分用户主要是大型工厂、商场和写字楼，占总用户比例的 26%。2003 年 6 月，日本又对电力法进行修订。2004 年 4 月，允许合同容量 500 千瓦以上且供电电压 6 千伏以上的用户自由选择供电商。至此，可以自由选择供电商的用户的用电量占总用电量的比例达到 40%。2005 年 4 月，允许合同容量为 50 千瓦以上且供电电压 6 千伏以上的用户自由选择供电商，至此，可以自由选择供电商的用户的用电量占总用电量的比例达到 63%。2007 年 4 月至 2008 年 7 月期间，日本对全面开放包括家庭在内的电力零售市场进行了讨论。之后，决定推迟电力零售市场全面开放的实施。其理由一是认为全面开放电力市场可能会增加社会成本，而且效果尚不明朗，并有可能损害社会福利；二是还没有充分措施保障开放用户的选择权，扩大开放电力零售市场范围的前提条件尚不完善。为此，计划在 5 年后（2013 年）讨论第 5 次制度改革，包括全面开放电力市场等问题。①②

4. 电力批发交易市场

根据 2003 年 2 月日本经济产业省综合资源能源调查会电力事业分会报告精神，日本电力批发交易所（JEPX）于 2003 年 11 月成立。JEPX 主要开展现货交易及长期合同交易，其成立的目的主要是形成并公布电力批发交易价格信号，建立有助于电力企业进行电源投资判断的机制以及为各电力企业调剂余缺提供交易的平台。

JEPX 于 2005 年 4 月开始运行，截至 2006 年 3 月，市场交

---

① 阙光辉. 日本电力市场化改革最新进展及启示［J］. 电力技术经济，2007 (3)：9 - 13.

② 截至本书 2008 年 4 月定稿，日本电力零售全面自由化的进展没有最新消息。

易电量合计为 10.88 亿千瓦时,占日本同期总售电量的 0.13%。其中:现货交易为 9.38 亿千瓦时,占 86%;长期合同交易 1.5 亿千瓦时,占 14%。要参与交易必须首先成为 JEPX 的交易会员。截至 2006 年 5 月,JEPX 共有交易会员 29 家。

5. 成立输配电中立监管机构

根据 2003 年 6 月修改后的《电力事业法》,日本电力系统利用协会（ESCJ）于 2004 年 2 月成立,并于 2004 年 6 月被政府指定为日本唯一的输配电等业务支援机构,即中立监管机构。ESCJ 由中立者（主要是教授、学者）、一般电力公司、PPS、电力批发公司、自备电厂等组成会员,以确保输配电业务的公平性、透明性和中立性。ESCJ 的日常管理工作主要由来自九大电力公司轮流派往的人员。

ESCJ 主要开展五个方面的工作:负责制定电网扩建计划、电网运营及阻塞管理等方面的指导性规则（相关的详细规则由相关电力企业制定）;负责处理输配电业务方面的纠纷和投诉;负责跨区联络线的剩余容量管理、阻塞管理;负责公布联络线剩余容量、潮流、故障等信息;负责制定并发布日本全国的电力供求状况和电力可靠性评价报告。

2.3.4　市场化改革后的日本电力产业结构

通过电力市场化改革,日本电力产业市场结构发生了较大变化。在发电环节,独立发电企业、趸售供电企业、电力公司和 PPS 通过参与电力批发交易市场,初步形成了发电侧市场竞争;在输配电环节,日本九大电力公司负责运行全部所有的输配电网,负责提供公平、公开的电网准入和过网送电服务;在售电环节,九大电力公司负责向各自区域内部 50 千瓦以下的规制用户供电,本地电力公司、其他地区电力公司、PPS 均可对 50 千瓦以上的自由化用户供电,形成了零售竞争格局。

日本电力市场化改革的一个重要特点就是维持了九大电力公司的发输配售垂直一体化体制。这主要出于以下几个方面的考虑：一是确保能源安全。日本能源自给率较低，能源消费的80%依赖进口，因此，日本政府大力鼓励核电建设。政府认为，保持垂直一体化体制有利于在保持供电稳定的前提下促进核电的大力发展。二是确保电力安全稳定供应。首先，日本的电力负荷全天变化剧烈，政府认为垂直一体化的电力供应结构更有能力应对这种负荷的急剧变化。其次，日本为串联型电网系统，联络线上通过大电流时容易出现稳定问题，跨电力公司之间的大规模电力输送受到很大限制，各电力公司需要各自保持供需平衡。再次，由于日本电厂和输电线路建设周期长，缺电时无法立即追加供电能力，日本电力行业认为保持垂直一体化体制有利于确保安全稳定供电。三是协调厂网规划，提高输电线路利用效率。保持垂直一体化体制可以更好地协调电厂和电网建设规划，有利于开展整体的、有计划的发电和电网建设投资，也有利于有效利用昂贵的输电线路。目前，日本输电线的电流密度是其他国家的2~3倍。

2.4 国际电力市场结构规制改革经验借鉴

2.4.1 国际电力市场结构改革特点总结

从前面的论述中，我们可以看出，提高电力产业的效率是目前世界电力工业结构改革的本质目标。因此，电力工业结构改革在许多方面表现出一定的规律性，具体可以归纳出以下几个特点：

（1）电力工业的市场化改革正在使电力工业结构模式由传

统的垂直一体化模式向发、输、配（售）相分离的结构模式转变。

（2）在结构改革中，许多国家或地区选择了发电业务独立的市场结构形式。这是因为独立的发电业务有利于建立发电侧市场，通过竞价上网实现降低发电成本的目标。

（3）输电业务的独立化或独立电网的形成是电力工业结构模式改革的基本规律。独立电网的作用不仅在于承担具体的转运业务，更在于独立电网还是整个电力市场的组织者。正是由于只有独立电网才有可能有效组织电力市场，输电业务或电网独立的趋势才这样明显。这就是为什么选择独立输电业务形式的比例改革后比改革前大量增加的原因。

（4）与发电和输电明显地与其他业务独立或分离的趋势不同，配电业务与其他业务的组合的变化相对不是十分明显。这在一定程度上体现了配电环节的自然垄断属性，同时也反映在电力工业市场化改革的结构重组过程中。配电环节重组所产生的变化相对较小，主要是配电业务从一体化的业务中独立出来，保持和形成更大的独立配电业务。从这个角度看，电力工业的市场化改革在结构重组方面对配电业务的影响相对较小。但是，这里的配电业务是仅指拥有配电资产的配电公司的配电业务。如果把没有拥有配电资产的纯粹售电公司也包括在配电业务中，则电力工业的市场化改革对配电业务组合的影响是十分巨大的，售电公司的加入使传统的售电业务分解成配电和售电两种业务。虽然配电业务是垄断性的，但售电业务却是竞争性的，而且是倾向于完全竞争的。

（5）独立售电企业的数量在改革前后有明显增加。从结构重组的形式分析，售电业务重组的结果主要是增加了独立售电企业，即没有配电资产的纯粹电力商品销售企业。因此，售电业务重组的结果除了在形式上产生以上变化外，还在本质上对配电企业产生了影响，即在功能上由过去的配售一体化垄断到功能上配电和售电的分离所产生的配电环节垄断和售电环节市场竞争相结合的状态。

（6）通过美、英、日三个国家的电力改革，我们可以看出国际电力产业的结构重组，在许多方面表现出一定的规律性。那就是垂直一体化的结构模式被大多数国家所放弃，发电业务普遍分离出来参与发电侧市场竞争。输电业务或电网独立的趋势明显，传统的配电业务在功能上分离出售电业务，独立的售电业务增加明显。这种结构的演进是渐进的，从国际的经验看，电力产业的结构重组不是由垂直一体化结构直接转换成零售竞争结构的，而是按上述四种结构的顺序逐步向竞争性结构转化的。由于这种渐进性，结构重组的时间一般比较长，从提出方案到改革初步完成一般需要 10 年左右时间。一些国家由于涉及复杂的利益和技术调整，到目前电力产业的结构调整还没有完成。所以电力产业的结构重组过程将伴随着电力产业市场化改革的整个过程，而不是仅在改革的开始阶段。

2.4.2 国际电力市场结构规制改革经验借鉴

目前，中国电力市场的建设还处于起步阶段，已实现的还只是垂直一体化结构中发电环节的分离。电网公司垄断了输、配、售环节，是电力市场中的单一买方。要实现建立竞争性电力市场结构的目的，中国电力市场结构规制改革的任务还任重道远。因此，如何结合中国国情，减少我国电力改革成本，提高电力市场运行效率，借鉴国际电力市场结构改革的规制创新成果必不可少。[①]

（1）扩大联网的地理范围。一方面，增加电力市场中买者

---

① 胡济洲，奚江惠，等. 英、美新一轮电力改革制度及借鉴 [J]. 经济纵横，2005（10）：51 - 54.

的数量，发电侧参与竞争的发电商不能过少。发电商过少，易形成市场力控制，从而操纵发电量，控制电价，获取超额利润。发电商市场处于寡头垄断状态时，易形成寡头勾结，串谋暴利。另一方面，增加卖者的数量，实现需求侧响应机制，以实现在更大范围内配置资源，促进市场竞争，削弱市场势力，最终增加社会福利。美国的标准电力市场设计（SMD）所倡导的建立跨州界的区域输电组织和 BETTA 在整个不列颠地区引入批发电力交易和输电制度，以及日本的全国联网均体现了这一原则。

（2）电力市场不仅包括现货市场和平衡市场，还应有远期合同市场、期货市场和期权市场，以保持供需的实时、短期和长期的平衡，降低交易双方的风险。期货电量和现货电量比例要合理化，两者比例为 8∶2 左右为宜。期货电量比例较大，可减少现货市场调度难度和工作量，而且有利于还本付息、回收投资，有利于电力长期良性发展，保持电价稳定，对用户和发电商都有利。现货电量占一定比例，是电力市场的必要组成和市场参与者的必然要求。

（3）电量市场要以双边合约交易方式为主，这是电力市场发展的大方向。以双边交易取代统一购买的形式，电网公司不参与电力双边交易，能更好地维持其电力交易的公平性和公正性。在这种交易模式下，电力交易中心不用组织多级的电量市场交易，只需组织必要的电量平衡市场交易，从而使整个市场结构更加简单，具有更高的效率。

（4）电力市场的系统调度机构必须独立于市场竞争者，以实现输电服务的无歧视，从而保持交易的公平。

（5）阻塞管理是电力市场设计最困难的问题之一。节点边际电价体系是输电阻塞管理的基础。在没有发生阻塞时，各节点的电价都一样。发生阻塞时，各节点的电价都不同，造成阻塞的用户会多付费，减少阻塞的用户会少付费。此方法可给出何处需要新建输电网的信号，还可限制市场势力，在解决市场交易公平性和电网阻塞问题方面非常有效。

（6）电力市场设计应本土化。电力市场的特殊性、个性化，决定着电力市场结构不能一种模式、一刀切；电力市场结构规制改革不能急功近利，要有战略眼光和长远打算，要在规制改革实践中，不断改进、不断完善。如英国放松可竞争的发电与售电环节的规制，对具有自然垄断属性的输电与配电环节进行规制，并设立独立规制机构的方法被其他国家广泛采用。而美国是世界第一电力消费大国，由于地域辽阔、未形成联系紧密的全国电网，目前不可能建成全国统一的电力市场，因此美国联邦能源规制委员会（FERC）倡导的是区域电力市场，这一点与中国较为类似。日本为确保其能源安全，维持九大电力公司的发输配售垂直一体化的规制模式，也是遵循其国情特点的。

（7）电力市场的可靠稳定运营压倒一切。从某种意义上来说，不成功的电力市场改革还不如维持电力工业原状。[1] 以日本为例，即使是电力自由化改革的步子谨小慎微，核电事故依然不断。在2011年3月福岛地震这场50年未遇的危机当中，日本开始重新检视是否有过度依赖核电的风险，同时开始着手重组和拆分福岛第一核电站运营商——东京电力。正是日本电力行业改革非常缓慢，对其他企业的开放程度很低，缺乏竞争，导致行业透明度很低，造成了电力公司敢于多次隐瞒事故不报，才造成了严重核事故。

① 余化良. 自然垄断变迁与有效竞争 [D]. 武汉：武汉大学，2005.

3

中国电力市场结构现状
与战略选择

详细分析中国电力市场结构现状，选择适合中国国情的目标电力市场结构，对推动中国电力市场结构规制改革有着关键作用。

3.1 中国电力市场结构现状

笔者认为，电力产业市场结构是其纵向结构和横向结构的综合。只有在纵向和横向同时存在竞争性结构时，整个电力市场的竞争才会充分展开。

3.1.1 中国电力市场结构改革历程

20世纪50年代，随着改革开放的不断深化，电力短缺已成为制约经济发展的瓶颈。为此，80年代起，国家有关部门制定了包括开征能源交通基金在内的一系列加快电力建设的政策措施。但是电力短缺现象未见明显缓解，"独家办电"仅由国家投资的垄断市场结构弊端日益暴露，电力部门逐步成为福利事业单位，电价结构不合理、电力企业缺乏足够的发展基金。这种电力建设资金长期不足、电力供应长期短缺的局面，在很大程度上制约了国民经济的发展。1995年，我国开始对电力市场实行多家集资办电的政策。一大批地方电厂、BOT等各种形式的合资电厂发展起来，逐步形成了投资主体多元化的格局，对电力发展起到极大的推动作用。这个阶段被称为第一轮电力改革。第一轮改革的出发点是解决电力紧缺的问题，并没有把打破电力独家垄断的市场结构作为主要任务。

1997年1月，国家电力公司成立，这被认为是第二轮电力体制改革。为了解决行业主管部门利用行业立法保护本行业、本部门的利益，使行业垄断行为合法化，国家认为必须结束政企合一的规制模式，改变新中国成立以来电力行业主管部门就是行业经营部门的传统经营管理模式。通过完成公司改制，实现政企分开、引入竞争、优化资源配置、建立规范有序的电力市场，打破政企不分、独家垄断的市场结构。

1997 年底，由于经济结构的调整以及东南亚经济危机的影响，国内电力供求形势从全面短缺转为低水平下的供需大体平衡，部分地区甚至出现了供大于求的现象。这一变化使得原来被缺电所掩盖的结构性矛盾日益显露。各种产权、各种类型的发电机组争发电量的情况严重，而垂直一体化经营的国家电力公司偏袒自己所属的发电企业，带来了发电企业间的不公平竞争。

从 1998 年 12 月开始，国家相关部委一直在酝酿进一步深化电力体制改革的新方案，加快改革垄断电力市场结构的步伐。直至 2002 年 3 月，国务院正式批准了《电力体制改革方案》。该方案为了在发电环节引入竞争机制，首先实行"厂网分开"，将国家电力公司管理的电力资产按照发电和电网两类业务进行划分。同年 10 月，电力资产重组进入实施阶段。根据国务院《发电资产重组划分方案》，2002 年 12 月 29 日，国家电力资产重组和 11 家电力公司的组建（改组）完成。

发电环节按照现代企业制度要求，将国家电力公司管理的发电资产直接改组或者重组为规模大致相当的五个全国性的独立发电集团公司，逐步实行竞价上网，开展公平竞争。五家发电集团公司是：中国华能集团公司、中国大唐集团公司、中国华电集团公司、中国国电集团公司和中国电力投资集团；并且将国家电力公司直属的辅业公司、事业单位组建成四家辅业集团公司：中国电力工程顾问集团公司、中国水电工程顾问集团公司、中国水利水电建设集团公司和中国葛洲坝集团公司。"厂网分开"的工作按照行政划拨的方式，以 2000 年的财务决算数为依据，五家发电集团的资产质量、规模大致相当，地域分布基本合理，在各区域电力市场中的份额均不超过 20%，权益容量为 2000 万千瓦左右。

电网环节分别设立国家电网公司和中国南方电网有限责任公司。国家电网公司下设华北、东北、华东、华中和西北五个区域电网公司。国家电网公司主要负责各区域电网之间的电力交易、调度，参与跨区域电网的投资与建设；区域电网公司负责经营管理电网，保证供电安全，规划区域电网发展，培育区域电力市场，管理电力调度交易中心，按市场规则进行电力调度。区域内的省级电力公司可改组为区域电网公司的分公司或子公司。电力市场结构在体制创新和制度创新中迈出了实质性的一步，当前中国的电力市场结构改革处在试点和完善的阶段。

3.1.2 中国电力产业纵向结构现状

1. 中国电力产业纵向结构改革状况

传统的中国电力产业一体化市场结构如图 3.1 所示。

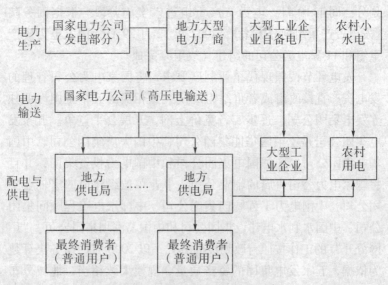

图 3.1　传统的一体化市场结构

在这种市场结构下，国家电力公司作为国有电力资产出资人的唯一代表，具体负责资本经营。这与原来政企不分的部门管理来说是一种相当大的进步，但是其缺陷也是很明显的：一体化的垂直垄断结构使企业由于缺乏竞争，失去有效运营的激励，没有降低成本的动力，成本涨多少电价也涨多少，引导市场的价格信号失真，不能正确引导资金投向，导致新建一些不具备市场竞争优势的电厂，使发电和电网的效益扭曲，宝贵的电力投资资源被不合理配置。一体化也造成了垄断企业的不同业务之间的交叉补贴。并且国家电力公司还滥用垄断优势，强制或者变相强制消费者购买指定经营者的商品。各环节价外加价愈演愈烈，造成消费者越来越重的负担。纵向一体化市场结构的缺陷前面已经论述很多，这里就不再赘述。2002 年，国务院正式批准的《电力体制改革方案》，其主要政策目标是把电力的垄断性市场结构改造成为竞争性市场结构，以发挥竞争机制的作用，提高垄断性产业的效率。对电力产业实行"厂网分开"，将国家电力公司管理的电力资产按照发电和电网两类业务进行划分，改革后的电力产业纵向市场结构有了如下变化：

（1）厂网产权分开实现

电力产业分为发电、输电、配电和售电四大环节。过去人们习惯把整个电力产业统称为自然垄断行业。但随着经济的发展和市场经济范围的扩大，早期被认为属于自然垄断的电源（即发电）部分，今天已经被公认不在自然垄断之列，可以通过厂网分开、竞价上网改革，逐步在该领域引入竞争机制，建立竞争性的发电市场。而作为电网特别是输电网，迄今为止在世界各国中仍然被认为是自然垄断的，因为它涉及规模经济和国家的农业用地及耕地安全，其意义太重大了，必须实行垄断经营。

2002 年 3 月，国务院正式批准了《电力体制改革方案》。电力体制改革之后，发电资产划转移交问题、647万千瓦和920万千瓦机组资产变现等一系列遗留问题一直没有得到妥善解决，使厂网在产权方面没有真正实现分开。

2006年，电监会在深入研究和大量协调的基础上，印发了《关于电力资产财务划转移交有关遗留问题的通知》，通过电改办牵头开始处理资产划转移交共性问题，涉及40多家发电厂、18家电网企业，共处理有争议资金346亿元。这标志着厂网分开遗留问题的处理取得了重大进展，发电资产划转移交遗留问题基本得到妥善解决。

2007年，电网代管的920万和预留给电网的647万千瓦容量发电机组也实现了变现，标志着"厂网分开"的遗留问题收官，真正在产权上实现了厂网分开。920万和647万发电资产的拆分转让，对于发电集团的竞争格局影响不大，其最大意义在于解决了拖延多年的"厂网分开"这一大遗留问题，从而为下一步推动电网企业的"主辅分离"、"输配分开"打好了基础。

（2）直接供电，培养多家购电主体

直接供电是电力市场纵向结构改革的直接突破，是电力发、输、配、售垂直一体化的市场结构被分解的标志之一，打破了售电环节的垄断。售电环节由于不具有自然垄断性，通过培育多家购电主体，包括大的工业用户和独立的配电商，可以引入竞争。赋予买卖双方充分的选择权，在多买、多卖的条件下，形成反映市场供求关系的真实价格，通过价格信号调整电力供求关系，实现发电与售电价格的有效联动，通过双边或多边的交易形式，逐步建立起成熟的高级市场形态。所以在售电环节引入竞争，让终端用户自由选择供应商，让公众真正从行业改革中获得最大的利益，这是改革中国电力市场结构的最终目标。目前，中国已经走出了售电侧响应的第一步。2004年4月，国务院电力体制改革工作领导小组印发了《电力用户向发电企业直接购电试点暂行办法》，以保证该项试点工作规范、有序地开展。吉林碳素有限责任公司向吉林龙华热电股份有限公司直接购电试点实施方案，是该暂行办法颁布后全国第一个直接购电试点方案。至2007年底，吉林碳素有限公司与吉林龙华热电公司直接交易试点工作和广东台山市6家用电企业与国华粤电台山发电有限公司直接交易试点工作均进展顺利，两个试点累计成交易电量15.10亿千瓦时。目前，已有宁夏、内蒙古、四川、湖北、福建、广西等15个省（自治区、直辖市）先后提出了试点申请，售电环节已经开始引入竞争。2009年6月24日，国家电监会、国家发展改革委、国家能源局联合引发了《关于完善电力用户与发电企业直接交易试点工作有关问题的通知》（电监市场【2009】20号，以下简称《通知》）。至此，直购电试点工作有了可操作性规范性文件。《通知》由市场准入条件、试点主要内容、计量与结算、有关要求、组织实施等五部分组成。《通知》对市场准入条件作出规定，参与试点的大用户近期暂定为用电电压等级110千伏（66千伏）及以上、符合国家产业政策的大型工业用户。大型工业用户电量比重较大的地区应分年逐步推进试点。参与试点的发电企业近期暂定为2004年及以后新投产、符合国家基本建设审批程序并取得发电业务许可证的火力发电企业（含核电）和水力发电企业。《通知》还对电网开放、交易方式、交易价格、计量与结算、辅助服务等试点内容作出了规定。试点工作的实施程序是由参加试点的企业根据《通知》精神提出试点申请，经省级人民政府指定的部门牵头审核，汇总后提出具体实施方案，报国家电监会、国家发展改革委、国家能源局，经国家电监会、国家发展改革委、国家能源局审定后实施，以确保试点工作规范有序进行。《通知》的出台将进一步规范和推进电力用户与发电企业直接交易试点工作，增加了用户用电选择权，推动电力市场进一步开放和完善电价形成机制，增强大型工业企业活力。

改革后的中国电力市场纵向结构如图 3.2 所示。

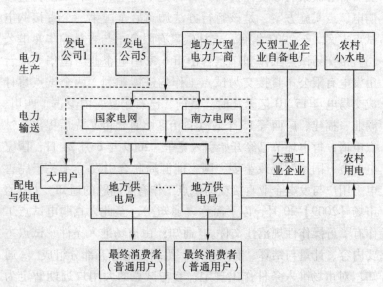

图 3.2 改革后的电力产业纵向市场结构

综上所述，2002 年，我国启动了以"打破垄断，引入竞争，提高效率，降低成本，健全电价机制，优化资源配置，促进电力发展，推进全国联网，构建政府监管下的政企分开、公平竞争、开放有序、健康发展的电力市场体系"为总体目标的电力体制改革。同年，电力规制机构组建，"厂网分开"开始实施。2004 年，直接购电开始试点。2007 年，"920""647"项目的变现成功，标志"厂网分开"真正完成，形成了发电侧有效竞争的格局。就电力产业的发、输、配、售四个环节而言，中国目前这场电力市场化改革的特点可描述为"放开两头、监管中间"，即放开可竞争性的发电和售电环节，并充分引入市场竞争机制。进一步完善输配电网环节的规制方式，实行激励规制机制。中国电力产业的下一步改革将是"配售分开"。整个中国电力产业纵向结构改革的脉络非常清晰，路径选择比较正确。

2. 中国电力产业纵向结构问题分析

（1）"厂网分开"不成功与歧视性接入

正如前面所述，为限制发电企业在一定地域内的垄断势力，进行产业重组时，国家对五大发电集团在六个区域市场中的装机容量进行了严格限制，一般不超过20%。为保证调峰的需要，又将一部分发电厂（主要是水电站）交由区域电力公司或省级电力公司控制。加之原有的外资发电企业、地方性（以原电力系统集体企业和职工集资建设或收购的国有老电站为主）电厂，在一定的区域内发电侧基本上形成了可竞争的市场结构。在全国范围内，除南方电网装机容量很小外，其余几个发电集团的能力并没有显著的差异，股权调整后权益容量的最大差距只有2%。但在实际的生产中，电网成为电力买卖双方的连接枢纽，成为买卖双方利益的实际控制者，造成了"厂网不分"及对不同的电厂的歧视性接入。

一方面，电网利用其拥有巨大的调峰电站和待管电厂，实践上形成"厂网不分"。据福布斯排名公布的国家电网利润构成显示，国网公司2005年的利润构成里，其70%来自它们拥有的647万千瓦机组的发电能力，所以这些调峰电站和待管电厂创造的利润非常惊人。除上述国家电网于2007年剥离的920万千瓦和647万千瓦的发电资产外，目前国家电网控制的装机容量还在1500万千瓦上下。这些装机实际的发电量和收益大大超出其能力，使电网在发电领域占有相当大的市场份额。在一些较小的区域内，例如在陕西这个电力相对富裕的省份，若从所有权或利益相关者的角度分析，发电能力的50%以上与网络运营商有着直接的产权关联或上下级关系，而独立发电集团的能力只占30%左右。电网的能力超过独立发电企业，厂网并没有真正分开。另一方面，以省级电力公司为主体的职工持股会或类似经济实体，通过建设新电站、参股其他独立电厂、低价甚至无偿购买淘汰电厂、改制电力设备制造、工程建设企业等多种方式，形成了一个规模庞大的收益链，使"厂网分开"几乎流于形式。上述情况的出现造成外资电厂、独立电厂和地方电厂、电力系统内电厂的发电企业之间的地位不平等，在开展经济活动时候的竞争地位也不平等。电力充裕的时候，电网企业总是倾向于让有产权联系一体化的发电企业或者属地范围内的发电企业上网，使这些发电企业的发电频率和上网电价远远高于其他性质发电企业，出现歧视性接入情况。

这些现象的根本原因在于："厂网分开"使原纵向一体的电力公司失去了所依托的高额回报的发电业务去补贴其他业务。从统计数据上看，发电业务的剥离导致电网收益下降，最高的下降了十多亿元。为弥补收益的下降，出现了上述变相的电网的内部人"私有发电资产"现象。该现象显然违背了"厂网分开"的初衷，不能真正实现纵向分割①。这样的厂网不分的现实导致一批外国发电公司撤出中国发电市场；独立发电集团普遍亏损，叫苦不迭，非常狼狈；许多农村水电企业失去供区市场，有水难以发电，发电难以自用，有电难以上网，造成"一边缺电、一边窝电"的情况。

（2）电网传输能力不足与投资困境

①输配电网建设滞后。我国近6年来电源和电网的投资增长情况如表3.1和图3.3、3.4所示：

---

① 一些国有电力企业职工直接投资发电企业、引发不公平竞争的现象将被纠正。国务院国资委目前与相关部委于2008年1月联合下发《关于规范电力系统职工投资发电企业的意见》，明确国有电力企业不得以企业名义组织各类职工投资活动，限制电力系统职工投资发电企业，重点清理电网企业中层以上干部和关键岗位人员持有的发电企业股权问题。

表 3.1　　　　　　　　电源电网投资增长情况

年份	2002	2003	2004	2005	2006	2007	2008	2009	2010
电源投资总量（亿元）	747.43	1880.43	2047.56	3228.06	3112.09	3041.5	2879	3803	3641
电网投资总量（亿元）	1507.48	1014.00	1237.33	1526.15	2105.75	2451.4	2885	3893	3410
电源投资增速（%）	14.25	151.59	8.89	57.65	-3.28	-2.32	-5.34	32.09	-4.26
电网投资增速（%）	43.88	-32.74	22.02	23.34	37.98	14.1	17.69	34.94	-12.53

资料来源：中经网统计数据库。

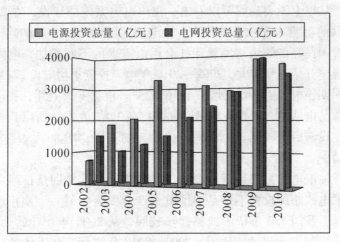

图 3.3　电源电网投资总量情况

3
中国电力市场结构现状与战略选择

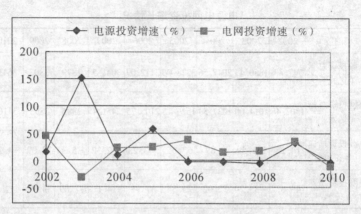

图 3.4　电源电网投资增速情况

从以上图表我们可以看出，我国电力系统的建设，在 2005 年以前都重电源（发电厂）、轻电网。因此 2006—2009 年间，随着国民经济的快速发展和社会用电需求的不断增加，电网建设规模开始逐年扩大。2002—2010 年电源投资平均增长 27.7%，而同期输电能力平均只增长了 16.52%。根据专家测算，我国的电源与电网的合理投资比例适宜保持在 1∶1 左右，所以我国电网建设滞后比较明显，电网整体投入的不足，增加了大停电的风险。

输配电能力滞后于电源建设和需求增长，特别是长距离高压输电线路的投资不足是中国电力产业发展中的一个痼疾。据统计，我国 750 千伏的线路起步较晚，从 2006 年才开始动工，但是发展非常迅速。同时，2002—2010 年之间 220 千伏的输电线年均增长为 8.7%，远远低于 500 千伏的线路年均增长 16.35% 的情况。这些数据说明，750 千伏、500 千伏输电线路发展很快，超过了电源建设的发展速度，而 220 千伏以下输电系统建设，也就是地方配电系统发展明显滞后。如表 3.2 所示。

表3.2		我国输电线路总量、增加情况							单位：千米	
年份	合计	750 千伏		500 千伏		330 千伏		220 千伏	
		总长度	同比增加	总长度	同比增加	总长度	同比增加	总长度	同比增加
2002	188 719	0	0	36 745	16.70	9612	4.74	142 362	4.73
2003	207 153	0	0	44 364	20.73	10 389	8.08	152 400	7.05
2004	228 860	0	0	54 252	22.29	10 773	3.69	163 835	7.50
2005	253 685	141	0	62 866	15.88	13 059	21.22	177 619	8.41
2006	281 366	141	0	73 394	14.60	13 975	7.00	193 997	9.10
2007	322 740	*	*	88 723	20.9	16 008	14.55	218 009	12.38
2008	364 758	792	*	104 159	17.4	17 804	11.22	242 003	11.01
2009	404 201	2 813	255.18	117 118	12.44	19 570	10.99	264 700	9.37
2010	441 086	7 304	159.65	124 376	6.2	21 270	8.69	288 136	8.85

资料来源：中经网统计库数据。

②供电安全性需要提高。一方面，我国输配电网安全标准与发达国家相比有一定差距。与美国电网相比，我国电网的安全性要差得多，美国的稳定标准早就是完全 N-1 标准，而我国 2001 年新颁布的标准仅是不完全的 N-1 标准。即便如此，由于种种原因，各地在实际执行中存在很大差异。全国六个区域电网只有一个达到标准，而一些西部欠发达地区电网至 2007 年底远未达到或尚未执行这一标准。并且，我国目前在运行的电网中，部分设备老化的情况也很严重。例如，东北电网中仍有经改造的老旧设备在运行。即便在北京，据不完全统计，截至 2007 年底，有四分之一的线路运行时间超过 25 年。运行超过 40 年的输电线路约占全部架空线路的 10% 左右，成为整个电网抵御风险中的薄弱环节。2008 年初，罕见的雨雪冰冻天气造成电力线路和杆塔严重覆冰，大大超过 2001 年的新设计标准，导致电网严重受损，电力供应中断，极大干扰了社会经济和人民生活的正常秩序。

另一方面，输配电网供电的可靠性在呈先下后上趋势。如

表 3.3 所示，2002—2010 年供电可靠率（RS－1）呈现波动状态，平均供电可靠率为 99.864%；而 2006 年的可靠率还低于 2003 年，说明从 2003 年起连续三年出现事故的情况在增加。用户停电时间（AIHE－1）呈先少后多的状态，即 2002、2003 年的停电时间低于 2004、2005、2006、2007、2008、2009 年，平均停电时间是 11.961 小时/户。扣除系统电源不足限电后用户平均停电时间（AIHC－3），是 9.499 小时/户，呈上升趋势。上述数据说明我国的电网安全性从 2003 年起呈不稳定状态，2009 年后才开始逐年稳定提高，这随着电网投资增幅的增大呈现相同趋势。舅表 3.3 所示。

表 3.3   **电力用户可靠性指标**

年份	2002	2003	2004	2005	2006	2007	2008	2009	2010
统计电位（个）	312	312	316	345	347	364	366	389	394
RS－1（%）	99.907	99.866	99.820	99.766	99.849	99.882	99.863	99.896	99.923
AIHC－1（小时/户）	8.171	11.724	15.806	20.491	13.191	10.360	12.071	9.111	6.72
RS－3（%）	99.916	99.929	99.927	99.845	99.853	99.883	99.882	99.897	—
AIHC－3（小时/户）	7.375	6.241	6.388	13.539	12.877	10.202	10.347	9.023	—

资料来源：2010 年供电监管指标。

③缺乏吸引投资的有效机制。电网面临着巨大的建设资金缺口。根据国家和"十二五"期间的电源建设投资规划，全国电力工业投资规模将达 5.3 万亿元，其中电源投资 2.75 万亿，占全部投资的 52%，电网投资 2.55 万亿元，占 48%。其中，国家电网公司的投资为 1.7 万亿元，相应的资本金需要 3400 亿元。仅靠电网公司自身积累，显然不能满足巨大的电网投资需求。而据中国人民银行统计，截至 2007 年底，我国居民储蓄余额为

30.33 万亿元。显然我国的投资资金是不缺乏的，所以电网投资缺的是吸引投资的有效机制。

导致上述电网传输能力不足与投资困境的原因，笔者认为：

第一，缺乏独立输配定价机制，导致电网运营商承担着巨大经营压力和风险，电网投资乏力。

2002 年大规模的"厂网分开"展开后，省级电力公司承担了交易和调配两项核心功能。由于没有出台及时独立的输配定价方法，"厂网分开"使省级电力公司原有的 30% 以上的利润来源随之消失，其投资的资金来源不得不依赖银行贷款，这使电网公司的负债率急剧上升，一些公司已经超过 70%。并且在现有的输配电价体系下，输配电资产收益不高，回报率低于银行贷款利率。再加上电网建设、农网改造形成的巨额贷款带来的还本付息压力和用户大量拖欠电费等，使电网运营商承担着巨大经营压力，甚至出现亏损。在巨大的经营压力和经营风险下，电网公司无力承担网络的扩张，电网投资难以为继。

第二，为维护自身区域的垄断利益，区域性网络运营商对电网投资乏力。

我国的区域性网络运营商一般都拥有较大的辅业电厂和调峰电站，多数处于煤矿资源匮乏的东部地区，其发电成本远远高于西部。传输能力的增加会提高西部发电企业的上网竞价的能力和外输电量，相应地会减少东部的发电能力。而现行的电价形成机制中，电力零售价格处于严格的规制中，传输能力缺乏合理的回报机制和定价模式，输电线路扩张反而会使网络经营者陷于亏损的境地。因此，在"厂网分开"的结构下，没有政府的支持和补贴，区域性网络运营商对区域间线路的投资就会滞后。这也成为在 2006 年全国跨区资源配置的电量[①]3446.8

---

① 全国跨区资源配置的电量，包括跨区域电能交易、区域内跨省电能交易和跨国（境）电能交易等。

万千瓦时比 2002 年的 897.6 万千瓦时的增幅提高了 384%。在
2002 年占全国发电量的 5.4% 大幅度提高到 12.2% 的好形势下,
跨区域电能交易仅有 853.1 万千瓦时, 同比减少了 0.3% 的原
因, 一方面是投资输电线路无利可图; 另一方面, 在不愿投资
输电线路同时, 电力公司和地方政府会提高自我平衡的能力,
想办法大力增加区域内电力的供给, 以便降低对"进口"电力
的依赖, 防止廉价电力资源对区域内垄断势力的侵蚀。这导致
电网投资乏力。

第三, 地方配电网建设资金缺乏。

随着三级电力市场体系的提出, 全国将形成国家电网公司。
将在公司总部、区域电网公司、省(自治区、直辖市)电力公
司三个层面设立三级电力交易中心。国家电网公司把大量的资
金都用于超高压和其他高压建设, 导致地方配电网建设资金缺
乏, 而由于电网在管理体制上的改革滞后, 地方又没有投资的
积极性, 导致配电网建设不足。

3.1.3　中国电力产业横向结构现状

中国电力产业的四个环节中, 目前只有发电环节存在一定
程度的竞争。

1. 中国发电环节市场结构现状分析

(1) 市场集中度

① "厂网分开" 前中国发电环节市场集中度分析。

"厂网分开" 改革以前, 我国的大部分发电资产、全部的
输、配电资产都在原国家电力公司名下, 因此这里的分析主要
针对原国家电力公司进行。通过收集原国家电力公司下属各大
集团公司或省公司以及中国独立发电商生产情况的统计数据,
分别对发电环节整体的市场结构和国家电力公司内部的市场结
构进行分析。

原国家电力公司的概况如下：原国家电力公司包括东北、华北、华中、华东、西北五大集团公司和南方公司，同时中国华能集团、葛洲坝水利水电工程集团、国家电网建设有限公司也是国家电力公司的全资子公司，均通过国家电力公司计划单列。山东、四川、福建、重庆、乌鲁木齐、西藏等6个独立的省（自治区）级电力公司，是国家电力公司全资子公司。武警水电部队（又称安能公司）占用的国有资产也由国家电力公司管理。

中国独立发电商的概况为：在我国电力产业"厂网分开"改革以前，主要存在的独立发电公司有北京大唐、北京国华电力等公司。上述发电公司笔者以2000年的装机容量作为市场份额指标进行了归纳，概况如表3.4所示。

通过表3.4我们可以看出，以装机容量作为市场份额的比较依据，中国电力市场上，国家电力公司占有绝对的市场垄断地位，其所属的各集团公司及省公司占有的市场份额为98.35%。而独立发电商仅仅占有1.25%的市场份额，其他地方电网的发电企业市场份额总和才只有0.4%。因此，"厂网分开"前中国的电力产业发电市场结构属于典型的寡头垄断类型，相应的HHI指数为9674，属于贝恩划分的高度集中型。

另外，在国家电力公司内部，华东、南方、华中、华北、东北、山东省、西北、四川省等各大集团公司所占的市场份额分别为 17.74%、16.09%、14.27%、13.39%、11.86%、6.14%、6.02%、4.99%，市场份额总和为90.50%，则$CR_8 = 90.50\% / 98.35\% = 0.9202$，$CR_4 = 61.49\% / 98.35\% = 0.6252$。可见原国家电力公司内部的市场集中程度相对较低，具备一定的竞争性基础，可以在电力市场化改革过程中，对原国家电力公司的发电业务进行市场拆分和重组，重点培养相对有发展潜力的华东、南方、华中、华北等集团公司以及华能集团等独立发电商，形成电力市场的有效竞争性局面。

表 3.4　　2000 年中国电力产业发电环节的市场结构①

公司类别	公司名称	装机容量 （万千瓦）	发电量 （亿千瓦时）	市场份额 （%）
全国		31 932.09	13 684.82	100
国家电力公司	华东公司	5666.33	2596.30	17.74
	南方公司	5138.67	2224.72	16.09
	华中公司	4556.06	1796.50	14.27
	华北公司	4276.91	2108.37	13.39
	东北公司	3786.21	1538.45	11.86
	山东省电力公司	1961.25	998.02	6.14
	西北公司	1922.06	801.5	6.02
	四川省电力公司	1593.24	510.48	4.99
	福建省电力公司	1041.53	402.90	3.26
	华能国际	870	421.6	2.72
	重庆市电力公司	306.15	133.81	0.96
	乌鲁木齐电力公司	271.77	134.70	0.85
	藏中电力系统	18.09	3.26	0.06
	小计	31 408.27	13 670.16	98.35
独立发电商	北京大唐	(465)	(223.29)	
	国华电力	400	—	1.25
地方电网总和		123.82	—	0.4

资料来源：2001 年《电力工业年鉴》。②

②"厂网分开"后中国发电环节市场集中度分析

2002 年 12 月 29 日，经过电力体制改革工作小组 9 个多月

---

① 北京大唐属于华北电力集团控股的独立发电企业，所以用括号表示已经记入国电公司的数据。

② 王行村. 中国电力市场化进程中的产业组织分析与设计［D］. 重庆：重庆大学工商管理学院.

的努力工作，国务院已正式批复《发电资产重组划分方案》，对
中国华能集团公司进行改组，增加部分水电资产和西部火电资
产，又新组建四家发电集团公司，即中国大唐集团公司、中国
华电集团公司、中国国电集团公司和中国电力投资集团公司。
同时成立国家电网公司与中国南方电网有限公司和其他四家辅
业公司。我国发电产业的市场结构发生了根本性的变化，如图
3.5 所示。

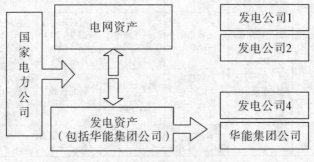

图 3.5　"厂网分开"示意图

　　形成的五大发电集团的发电总量在各区域市场均不超过
20%。本书以 2000 年的财务决算为依据，各发电集团所拥有的
发电资产可控制量、权益、容量、资产、员工情况，如表 3.5
所示。

表 3.5　　　　　　　　五大发电集团基本情况

发电集团	华能集团	大唐集团	华电集团	国电集团	电力投资集团公司
可控容量（万千瓦）	3797	3249	3134	3078	3015
权益容量（万千瓦）	1938	2121	2116	2045	2222
可控资产（亿元）	1264.62	721.03	760.35	735.48	801.20

表3.5(续)

发电集团	华能集团	大唐集团	华电集团	国电集团	电力投资集团公司
权益资产（亿元）	572.68	447.66	497.63	459.95	588.75
职工人数（人）	37 712	73 368	78 448	773	73 847
已拥有独立发电公司	华能国际电力开发51.98%华能国际电力股份42.58%	北京大唐35.42%	山东国际电源开发53.56%	国电电力股份34%+9.9%	中电国际100%上海电力股份76.27%
进入的水电流域公司	澜沧江水电开发56%	龙滩水电65%	乌江水电开发51%	清江水电开发34.20%大渡河水电开发90%	黄河上游87.1%玉凌水电56.25%
进入的上市公司	浙江东南股份25.57%	广西桂冠54.54%湖南华银48.03%	黑龙江电力股份40.19%	湖北长源股份37.64%	山西漳泽电力股份41.27%重庆九龙电力股份26.48%
进入的辅业单位	热工院相应股份	水利水电物质公司70%	中国华电	龙滩电力集团国电环保	中国电能成套75.5%

资料来源：中国（海南）改革发展研究院课题组．电力业公司化改革后的公司治理调研报告。[1]

截至2010年，重组后的五大国有电力集团全资和控股发电设备容量合计47 554.59万千瓦，比2000年的可控发电资产容量16 273万千瓦增加了192.23%。占全国发电设备容量79 262万千瓦的49.43%；国家开发投资公司、中国神华能源股份有限公司、中国长江三峡工程开发总公司、中国核工业集团公司、广东核电集团有限公司、华润电力控股有限公司等其他中央发电企业约占总装机容量的8%；地方发电企业占总装机容量的40%；民营和外资发电企业占总装机容量的4%。全国6000千

① 迟福林．处在十字路口的中国基础领域改革［M］．北京：中国经济出版社，2004：52－53．

瓦及以上各类发电企业有 3000 余家，其中国有及国有控股约占 94% 。中国发电量的 54% 也集中于五大国有电厂。根据有关资料统计，2003—2010 年，我国发电市场规模处于前五位的发电集团的可控发电容量如表3.6，图3.6、3.7 所示：

表 3.6　2003—2010 年五大发电集团可控发电容量基本情况

单位：万千瓦

发电商 年份	中国 华能	中国 大唐	中国 华电	中国 国电	中国 国电投	全国 总量
2003	3166	2901.7	2794.2	2666	2803.5	39 100
2004	3356.66	3353.4	3079	2930	2795.89	44 000
2005	4321.4	4165.55	3881.41	3505.65	2862.46	50 841
2006	5717	5405.95	5004.6	4444.5	3780	62 200
2007	7157.6	6482.34	6302	6006	3804	71 329
2008	8586	8242	6908	7020	4571	79 253
2009	10 043.8	10 017	7551	8203	5883	87 407
2010	11 343	10 589.59	9531	9019	7072	96 200

资料来源：中国电力网、中国发电企业信息网。

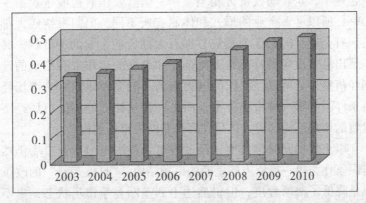

图 3.6　2003—2010 年度中国发电产业前五位绝对集中度情况

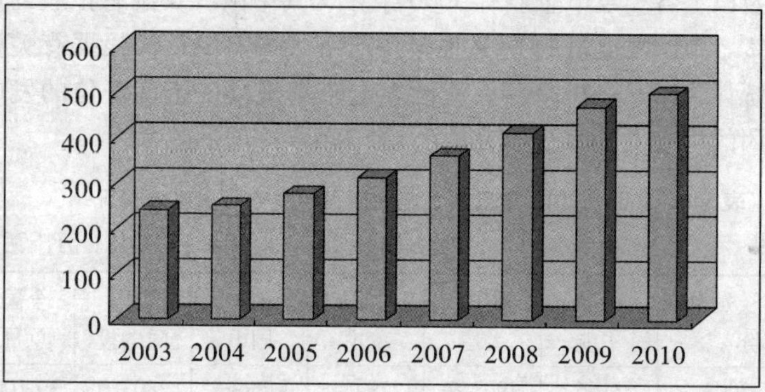

图 3.7 2003—2007 年度中国发电产业前五位相对集中情况

从以上图表可以看出，市场绝对集中度从 2003—2010 年的 CR$_5$ 指数分别为 34.1%、35.3%、36.9%、39.2%、41.7%、44.6%、47.7%、49.4%，市场相对集中度 HHI 指数分别为 239、250、277、313、361、413、471、500。

从以上数据可以判断，我国电力工业的电力企业数量多，各自所占的市场份额低，规模差异较小，市场集中度低，具有一定的竞争特征。但是从投资方角度来说，如前所述，各类发电企业中，企业的投资方相当集中，国有及国有控股企业占了 90%，所以尽管企业的形式和体制有所不同，但归根结底大都是国有企业，国家作为投资方拥有大部分的企业的所有权，又呈现出寡占市场的特征。因此企业和市场的运作带有浓重的计划经济痕迹，所以，我国的电力市场不能简单地归结为市场经济条件下的哪一种市场类型，而是一种从计划经济向市场经济过渡的市场结构，但大体呈现寡头垄断的市场结构。

以上数据同时也说明，经过改革后我国电力行业市场仍然是国家作为单一投资方的垄断的市场结构。"打破垄断"的改革只是降低了垄断程度，但仍然达不到垄断竞争市场状态，更不可能达到自由竞争市场状态。这个现实也告诉我们，在发电企业被分拆的今天，由于国有发电集团控制了大部分的电力生产，虽然这些国有企业之间仍处于竞争之中，但它们所具有的地位和力量以及其千丝万缕的行政、人事关系，是可以通过其间的合谋，建立默认的报价同盟等手段来控制电价，来达到占有垄断利润目的，形成扼杀竞争的垄断价格。因此电力市场的发展和完善，不仅需要有适合我国国情的电力交易模式，而且需要有活力的市场参与者：一方面电力企业必须加快国有企业的改革，建立现代企业制度、产权制度，重塑电力市场主体，增强企业的竞争能力；另一方面，多渠道培养发电市场主体，是促进电力市场发展的另一重要环节。

（2）规模经济分析

据测算，电力企业的年净发电量为 323.87 亿千瓦时是最低点，其最低平均成本为 1381.7 元/万千瓦时，即电力企业的最佳经济规模为年净发电量 323.87 亿千瓦时；同时，发电企业年净发电量的最小经济规模为 229.83 亿千瓦时[①]。另外，当发电企业装机容量的最小经济规模是 311.55 万千瓦，此时发电企业的发电长期平均成本最低，为 1243.64 元/万千瓦时；即以火力发电为主营业务的发电企业装机容量规模达到 311.55 万千瓦的时候，从发电企业长期平均成本和装机容量的关系来看，此时装机容量无论减少或者增加发电企业的长期平均成本都会增加，经济效益将下降。因此将装机容量保持在 311.55 万千瓦这个附近范围内时发电企业的经济效益比较好。在发电企业资产最佳规模经济方面，企业的资产最佳规模经济是 60.909 亿元，此时长期平均成本最低，为 1388.742 元/万千瓦时，即每度电的成本为 0.1388 元。也就是说，企业的总资产规模保持在 60.909 亿

———————

① 赵小丽，李春杰. 电力市场结构与有效竞争 [J]. 产业经济研究，2003 (3)：14－18、53.

元时发电企业的规模经济效益比较好。[①] 从机组规模看，以火电机组为例，其最小经济规模为 60 万千瓦[②]。由于电厂的规模经济不太明显，而机组具有明显的规模经济性，所以，同样容量规模的发电厂，大机组电厂的平均生产成本远低于小机组电厂的平均生产成本。

把以上数据与我国实际结合，可以看到，直到 2000 年底，我国的最大火力发电厂——山东邹县发电厂的装机容量为 240 万千瓦（即使是水电，葛洲坝为 271.5 万千瓦，年发电量为 157 亿千瓦时）。也就是说，根据前面我国发电企业的最优规模数据，2000 年底前，我国的发电企业都远离最优经济规模。

2002 年 12 月 29 日，原国家电力公司的发电资产进行重组，大部分发电资产集中于华能等五大发电集团公司，其平均发电装机容量在 3200 万千瓦左右。到 2010 年底，五大发电集团的最小装机容量没有低于 3800 万千瓦，如表 3.7 所示：

表 3.7　　　　　2010 年底五大发电集团装机容量情况

电厂名称	华能	大唐	华电	国电	国电投
装机容量	11 343 万千瓦	10 580 万千瓦	9019 万千瓦	9531 万千瓦	70 723 万千瓦

表中数据显然说明，五大发电集团的装机容量远远超过规模经济范围。企业规模过大，固然可以减少固定成本的分摊，但是企业管理成本的增加会超过固定成本分摊的减少量，从而形成规模不经济。因此中国这五家发电集团公司如何通过委托代理制度的安排减少其管理成本（包含监督成本）是解决其规模不经济的关键性问题。

---

① 吉红梅. 中国发电企业的规模经济研究 [D]. 北京：华北电力大学，2004.
② 刘阳平，叶元熙. 电力产业的自然垄断特性分析 [J]. 哈尔滨工程大学学报，1999 (10)：94 - 99.

以上是从五大发电集团来看的。从总体发展情况来看，中国电力发展水平已具有相当规模。至 2010 年底，全国发电装机容量达 9.62 亿千瓦，发电量到 41 413 亿千瓦时，两者均居世界前列。从单个发电厂或发电机组来看，我国电力产业的规模经济仍然不高。中国距按照规模经济效益要求的"火电机组最小经济规模为 60 万千瓦、火力发电厂的最小经济规模大约为 311.55 万千瓦"水平还相差较远。所以，目前我国电力工业的发展重点是 60 万千瓦以上超临界和超超临界机组、30 万千瓦循环流化床锅炉发电机组、大型空冷机组及大型燃气轮机发电机组，同时积极发展百万千瓦级核电机组，大力发展抽水蓄能等水力发电机组和 1000 千瓦级风力发电机组。

因此，不难得出这样的结论：我国的发电环节进入这样一个状况：由"厂网分开"改革前的规模过小直接过渡到改革后的极少数发电企业规模过大，大多数企业规模仍然过小，发电企业数量过多的情况。不管在哪种情况下，都远离最优规模。

（3）产品差别化分析

如前文所述，虽然电能看不见摸不着，一般认为电能是没有差别的，但是仔细分析，电能仍然有着质量、作用和价格等的差别。

电能质量一般是指电压与频率的稳定性，如电压与频率不稳定，波动比较大，则电能质量较差。比较明显的是，有时电视机的图像时大时小，就是电能质量差的表现。目前我国电力市场中，由于各个机组技术水平和运行管理水平不同，水、火、核、风等发电手段的不同，会造成所发的电能质量有一定的差别。另外电力商品最大的差别是进入电力市场中交易负荷的谷负荷和峰负荷之分。随着发电企业主体的多样化，在电力市场的竞价过程中，由于各电厂机组技术状况不同，有的电厂可能倾向于多带基荷，如大多数的火电厂；而有的电厂则偏向于在峰负荷时上网，如枯水期的水电厂。市场的竞争就分化为基荷发电厂商之间的竞争以及峰荷发电厂商之间的竞争这样两个部分。一个时段的发电容量进入基荷市场竞争就不会进入峰荷市场竞争。本来是同质的电能，就被分化为多种价格有区分的差别化商品。加上目前上网电价由政府部门制定，同一地区新建机组为同一价，原来的已定价发电企业同一价，造成了上网电价之间的较大差异，较高的与较低的电价竟然存在几倍的差别。这样，竞价上网的发电企业就产生了产品差异化，低价电的发电企业对其他企业造成进入困难，容易形成垄断，使竞争成为不完全替代物的竞争。

（4）进入壁垒分析

①中国发电环节费用壁垒分析

初始资本费用壁垒：电力行业属于高投入、长周期的资金密集型行业。在造价方面，我国水电为 0.7 万元/千瓦~1 万元/千瓦，建 20 万千瓦的水电发电站需要 14 亿~20 亿元。300 兆瓦~600 兆瓦国产机组的火电为 0.54 万元/千瓦~0.63 万元/千瓦，进口的 660 兆瓦机组为 0.72 万元/千瓦~0.82 万元/千瓦，建 20 万千瓦的火电发电站需要 12 亿~16 亿元。

运行成本费用壁垒：发电产业除了造价高外，长期运行成本费用也不低。目前，国内水电公司运行成本一般是 0.04 元/千瓦时~0.09 元/千瓦时；火电厂由于需要源源不断地购买和运输大量燃料，致使目前火电运行成本在 0.19 元/千瓦时左右。随着煤炭价格的上涨，火电厂的发电成本还将上升。①

沉没费用壁垒：在发电的整个成本中，与发电设施投资有关部分所占的比重很大，一般达 70% 以上。特别是水电站和核

① 张洪伟，沈菊. 我国电力工业的发展前景与展望 [J]. 电力环境与保护，2006（6）：59-62.

电站的建设，与发电设施投资有关的部分更可达90%。所以在发电设施投资中，因为存在大量的固定设施成本，并且电力固定设施用途单一，具有很大的专营性。另外，发电机组的寿命非常高，一般设计寿命为30年，所以对于发电企业来说，特别是大型发电企业的退出壁垒是相当高的，存在很高的沉没费用壁垒。

但是我们应该看到随着中国资本市场的发展和电力工业公司制的改造，不同产权主体之间通过资本市场，在不转变资产用途的前提下，实现资产的优化重组，重构电力市场结构，电力行业企业进入壁垒会不断减弱。

②中国发电环节法律和制度壁垒分析

发电环节作为电力产业的重要组成部分，涉及土地、安全、环保、技术、资源等众多方面，政府对其进行严格的规制是必然的。回顾我国发电产业的法律和制度壁垒，主要受我国电力总体供需形式及改革开放政策的影响。

1985年以前，政府对发电企业进行严格规制，不允许地方及其他非中央资金进入电力产业，从而导致电力建设资金不足，形成中国长期缺电的局面。1985年开始，为缓解经济增长与电力需求之间的矛盾，国家出台了"集资办电"与"还本付息"政策，从制度上降低了发电环节的进入壁垒，形成多家办电的局面。1997年以后，尤其是1999年以后，我国的电力供需形势发生了很大的变化，总体上表现为"供大于求"，因此政府对发电产业的进入规制非常严格，尚未开工的电力建设项目几乎不予批准。也就是说，即使有巨额的资本想进入发电市场，政府一般也是不予立项的，从制度上抬高了进入壁垒。2002年夏天，我国局部地区出现的结构性或季节性缺电，尤其是2003年出现的全国19省市绝对性缺电，开始引起我国中央政府与地方各级政府的重视，发电产业的进入壁垒又开始下降，全国各地都掀起了新建发电厂的高潮。

目前在法律和制度所规定的市场准入上，要进入电力市场，必须要有国家和地方有关部门的审核和批准。大中型电力建设项目由国家计委审批，小型电力建设项目可由省计委审批。对于可行的电力建设项目，各方资金都可以进入，基本不受严格限制。虽然我国电力行业的投资准入已经开始向社会放开，但是从实际经营角度来看，社会上其他性质、其他来源的闲置资金并不能够随意投资电力企业：一是国家对向社会吸纳的投资资金仍有投资企业数量、参股比例等的要求。二是在发电市场中，从项目的投资审批到售电的定价方式，再到售电量的配额制度都不是市场化的。这些行为的确定过程受到太多的行政和人为因素的影响。典型的例子有"二滩事件"。[①] 其他性质的企业如果要在这样的环境中发展，必须额外投入大量的人力和财力才能维护自己的应得利益。而国有的垄断企业则因为其与生俱有的和政府部门的利益相关性以及和政府部门千丝万缕的关系，寻租成本较其他企业低得多。因此，中国的发电市场还存在着非市场环境的壁垒。三是由于原国家电力公司改组的两大电网公司控制着电力传输工具即全国输电网，在发电市场占有很大份额的原国家系统组建的发电公司通过职工持股投资建设发电厂，对国电系统以外的潜在进入者产生着警告的（博弈论用语）或实质的威胁。所以中国发电市场是存在多重制度进入壁垒的进入限制市场。

③中国发电环节进入壁垒指标分析

产业超额利润法：由前文所述，可以通过产业利润率与社会平均利润率进行比较，超额利润越多，则进入壁垒就越高。笔者选取工业企业成本费用利润率（简称工业利润率）为基准

---

① 类似二滩水电站的独立电厂相对于国家电力直属电厂处于不利地位，有电不能上网、开工严重不足。

与电力生产也就是发电环节的成本费用利润率（简称发电利润率）进行比较。成本费用利润率是产业的利润总额与产品的销售成本和费用以及管理费用、财务费用之比，可以较好地反映一个产业的利润水平。根据中经网的数据（如表 3.8 所示），我们可以看到发电环节 2005、2006、2007 年有超额利润，但在 2008、2009 年由于煤价上涨、地震等因素，利润率开始下降。2010 开始，发电行业能通过向上游延伸来降低煤价，并随着"5·12"地震影响的消失，2010 年发电行业的利润已经开始上升，综合这些因素判断，发电行业由于存在超额利润，所以存在较高壁垒。

表 3.8

年份	2009	2008	2007	2006	2005	2004	2003	2002
发电利润率	3.92	1.7	8.16	8.17	6.62	5.55	6.73	6.82
工业利润率	6.91	6.61	7.43	6.74	6.42	6.52	6.25	5.62

资料来源：中经网统计数据库。

规模障碍系数：最低经济规模（也称最优经济规模，MES）是影响进入障碍大小的一个重要因素。在已知某个行业的最低经济规模之后，可据此大体测算各个行业的进入条件。其中一个重要方法是计算最低经济规模与市场总规模的比重，当市场规模一定时，最优经济规模约束越大，规模经济壁垒越高。通过这个方法计算出来的结果简称规模比重系数，或叫规模障碍系数。具体公式为：$d = MES/S$ 式中，d 为规模障碍系数；MES 为最低经济规模；S 为市场总规模。若 $d > 10\%$，进入障碍较高；$d < 5\%$，进入障碍较低。

据吉红梅拟合的发电企业最优规模 60.909 亿元计算[①]，按

---

① 吉红梅. 中国发电企业的规模经济研究［D］. 北京：华北电力大学，2004.

照中经数据网统计，至 2009 年底，中国电力生产业的资产总计
36 745 亿元。通过测算，发电环节的规模障碍系数约为 0.17%；
又根据专家估计火力发电厂的最小经济规模大约为 311.55 万千
瓦左右，2007 年底，全国火电装机容量达 55 442 万千瓦，通过
测算，发电环节的规模系数约为 0.562%；发电量方面，发电企
业年净发电量为 323.87 亿千瓦为最优规模经济，2007 年，我
国全口径发电量达到 32 559 亿千瓦时，规模系数为 0.99%；综
合上述数据，规模障碍系数均低于 5%，说明我国发电环节属于
低规模障碍。

综上所述，笔者认为中国的发电环节进入壁垒是偏高。中
国发电环节有着高的费用壁垒，较高的制度壁垒，较高的利润
壁垒，但是规模经济壁垒很低。而在中国转轨期，费用壁垒和
制度壁垒将在发电环节进入壁垒中占较大权重，所以综合看来，
发电环节应该是中等偏高程度的进入壁垒。

（5）退出壁垒分析

发电环节的退出壁垒方面，包括沉没成本与政府规制。我
国发电环节在市场退出方面，只有淘汰一些小机组的先例。事
实上，由于发电设备的专用性，退出发电市场以后，很难有其
他用途，故从发电厂商的投资方来说，主动退出市场的可能性
是比较低的，除非有成熟的资本市场与之相适应，通过资本市
场将发电设备在内部转让出去。政府规制方面，由于目前我国
处于经济高速发展阶段，与发达国家比，人均用电水平还比较
低，所以，一般情况下我国的电力市场还有进一步拓展的空间，
政府不会强制关闭一些达到环境标准的电厂。并且在电力紧张
时期，政府还会采用一定行政手段强制发电机组长时间运转，
此时如果发电厂商要退出的话，估计是比较难的。但是在渡过
电力短缺的 20 世纪 80 年代后，我国的小火电屡退不止，逐渐成
为一个行业性难题。1995 年起，中国开始实施对于小火电的

"关停"工作。1998年，原国家电力公司曾掀起了小火电的"关停风暴"。1999年，国务院办公厅转发国家经贸委"关于关停小火电机组有关问题意见的通知"，要求单机容量在5万千瓦及以下的中级低压常规机组在2000年前关停，同等容量的高压常规机组在2003年前关停。此后的2002年9月和12月，原国家经贸委曾连续公布第一批和第二批关停小火电机组名单，数量达173家之多。经年不断的关停风暴之中，小火电却走入了"不断退出、又不断死灰复燃"的怪圈。何以中国小火电退出如此困难？原因在于：当年政府为了保持各方投资建设电站的积极性，按照"户头"分配发电指标的管理方式。按这种规则，每台发电机组每年发电利用小时都由指标决定：小火电机组没有达到预订的发电计划指标时，大机组即使还有潜力也不能多发。燃煤机组未完成计划发电量时，水电机组也可能弃水。所以即便小火电退出了，小机组把原来分配所得的发电量指标转让给大机组，大机组按发电指标发电；小机组则通过转让指标，仍然享受利益"分成"。

因此，在发电市场退出壁垒方面，中国的退出壁垒也比较高。一方面，电力供需会影响退出，在平衡或供大于求时，政府在电力厂商退出方面的规制主要体现在环境标准上；而在电力紧张时期，一般是很难退出的。另一方面，制度也是重要壁垒，所以不改革发电量配额的调度方式，中国发电市场的退出壁垒将继续强化。

2. 中国输配售电环节市场结构分析

随着我国电力改革的逐步深入，电厂与电网彻底分离，分别成为独立的发电公司和具有自然垄断地位的电网公司。并且随着条件成熟，将继续剥离电网公司的配、售电资产，最终在发、配、售电领域引入自由竞争，而输电领域则仍保持国家的自然垄断性质。分析基于自然垄断性而产生的中国输配售电环节的市场结构，将为电网公司作为一个独立的、特殊的市场参与者，受政府或相应机构的规制提供理论支持。有利于电网向市场供需各方提供公平、公正和公开的输电服务，并收取一定的费用，以支付运营成本和满足电网扩容的需要。

（1）中国输电环节市场结构改革概况

2002年2月10日国务院印发的电力体制改革方案（国发〔2002〕5号）明确重组电网资产，设立国家的电网公司，由国务院授权国家电网公司作为原国家电力公司管理的电网资产出资人代表，国家电网公司按国有独资公司形式设置，在国家计划中单列。由国家电网公司负责组建华北（含山东）、东北（含内蒙古东部）、西北、华东（含福建）和华中（含重庆、四川）五个区域电网有限责任公司或股份有限公司。西藏电力企业由国家电网公司代管。国家电网公司在500千伏和330千伏的输电和变电业务中几乎处于独占地位，在220千伏和110千伏输电和变电业务中处于垄断地位。但是一家企业对高压输电、配电业务的垄断并未改变电网被人为分割的局面，六个跨省市大区电网和五个独立的独立省网不能互联互通。

南方电网有限责任公司由广东、海南和原国家电力公司在云南、贵州、广西的电网资产组成，按各地方现有电网净资产比例成立董事会，组建有限责任公司并负责经营管理，在国家计划中实行单列。根据国务院的电力体制改革方案，中国南方电网有限责任公司于2002年12月29日正式挂牌成立并开始运作，公司经营范围为广东、广西、云南、贵州和海南五省（区），下设广东、广西、贵州、海南、云南五个分公司和一个超高压输电分公司。我国电网资产重组后的结构如图3.8所示。

（2）中国输电环节市场结构基本因素分析

本书将从规模经济、进退壁垒和产品差别三个基本因素分析中国输电环节的市场结构。

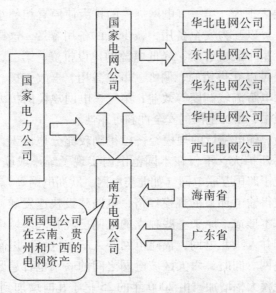

图3.8 我国电网资产重组后结构

①规模经济

输电网的特点是一次性投资大，而运行成本相对较小。这样输配电网一旦建成，随着输送电量的增长，单位平均成本越来越小，表现为一种典型的规模经济性。在这期间，固定成本不发生变化，可变成本的变化发生很小。随着长距离、特高压、跨区输电网的出现，输配环节的规模经济性得到进一步加强。输电环节的规模经济主要体现在两个方面：

一是扩大电网规模可以使电网覆盖更多的供电区域，从而增加对电网的利用，降低每一用户所承担的平均固定成本，取得规模经济效益。

二是扩大电网规模可以更好地获取"网络的外部经济效益"。所谓"网络的外部经济效益"，是指由于网络规模的扩大使网络用户所能获得的效益。输电领域的"网络的外部经济效益"主要表现为：第一，电网规模的扩大使原有相邻小电网互相联结，可以互为安全备用，减少总的备用容量，这样可以大幅度减少整个装机容量，降低电源的建设投资；第二，电网规模的扩大可以获得错峰、调峰、事故备用、事故支援、水火电调剂和水电跨流域调度等效益；第三，电网规模的扩大可以提高电能质量，增加电网的安全性和可靠性。

目前，输电领域的规模经济已得到较充分地认识，各国电网规模不断扩大，不仅在本国范围内实现了统一或联合电网，而且形成了跨国互联电网（如北美电网、欧洲电网等）。中国近年来为获得输电环节的规模经济，电网建设快速发展，全国联网格局基本形成，原来一些独立的电网已经并入区域电网。如山东电网并入华北电网，福建电网并入华东电网，川渝电网并入华中电网。同时，六大区域电网之间的联系也日趋紧密，跨区输电规模大幅增加，由 2000 年的 25 亿千瓦时增加到 2006 年的 3446.8 亿千瓦时，占全国发电量的 12.2%，同比增加284%。[①] 在西北建成青海官亭—甘肃兰州东的 159 公里，750 千伏交流输变电工程。三峡至常州输电线路的建成使华东和华中的电力交换能力提高了 300 万千瓦；正在试运行的三峡至广东输电线路，使华中电网与南方电网实现联网。全国联网的实现使西电东送、南北联供、优化资源配置作用明显。

②进退壁垒

在输电领域，我国存在着严格的进入壁垒：一是由于输电网络的建设要投入大量的固定资本，并且输电设施专用性极强，几乎不存在退出的可能。二是如上文所分析，输电环节规模经济明显，具有明显的自然垄断特征。所以一个地区适合建一个输电网。另外，我国目前对输电环节采取严格的进入规制，在

---

① 电监会研究室课题组. "十六"大以来，电力工业发展回顾（摘要）[J]. 电业政策研究，2007（11）：32-48.

输电环节实行供电营业许可和营业执照制度，有着行政和法律壁垒。因此输电领域的进入壁垒非常大。目前输电、配电环节仍未分开，所以配电领域与输电领域类似，具有较大的进入壁垒。

输电环节的退出壁垒也很高。电网是资本密集型产业，投资一旦变成电网资产，就具有很强的专用性，很难转作其他非电力用途，资产的沉没成本大，退出困难。而且，由于电力产业的整体互动性，电力企业的退出可能会影响用电安全和社会稳定，国家对输电环节的退出也严格规制。

③产品差别

输电环节主要是对发电提供接入服务，然后把电送给配电商，为配电商提供输电服务。它的服务质量的衡量标准主要是输电线路的可用率。由于输电服务往往不是靠一条或几条线路，而是靠输电网络来实现，因此，对具体线路提出质量要求意义不大。由于发电厂所处的地理位置不同，但在规划时统一电网执行的是基本相同的质量标准，因此输电环节对其提供的服务量和所花的成本代价是不同的，所以，输电环节可以通过对不同的发电厂提供有差别的产品，采取有差异的价格，以优化发电环节的投资规划。

在市场经济条件下，有些远离负荷中心的发电厂为提高其竞争力，很有可能不需要电网提供相同质量标准的输电服务。它宁愿减少输电回路数，简化电厂主接线，尽可能地降低可用率标准，以降低输电电价。作为电网经营企业应把握的原则是：电源的接入不能影响到电网的整体安全性，不能影响到输电网对配电网的供电可靠性，电源为电网提供的辅助服务能力必须满足要求等。在此前提下，输电网对电源提供的输电服务中，建多少输电线路、可靠性水平需要多高是可以协商的。

同样，一些大的终端用户可能不愿意对过高的供电质量付出过高的代价，另外一些用户也可能需要比电网所能提供的供电质量更高的质量。只要电网可以做到，就应对其提供与其他用户不同质量的商品，但节约的费用或增加的成本应属于用户，应由用户承担。对质量要求较低的大终端用户应给予相应的补贴或者价格折扣，而对质量要求较高的用户在满足其使用要求的前提下应收取相应增加的成本等费用。这样，响应用户需求，改变供电质量，给终端用户提供了更多的可选消费空间，改善了输电环节的供电绩效。但是也要看到，由于输电环节的自然垄断性，上述产品的差别化并不能使潜在的进入者可以通过提供新产品，形成自己的产品差别，更容易地进入输电市场，从而提高输电市场的竞争程度。因此，不论是从理论上来说还是在实践中，中国的输电环节目前依然是由国家电网与南方电网双寡头垄断的市场结构。

3. 中国配售电环节市场结构分析

由于我国目前尚未把配售电环节分开，因此本书将把配售环节的市场结构现状合并分析。配售环节的规模经济、进退壁垒等市场结构基本要素的情况和输电环节几乎一样，这里就不再赘述。下面主要就配售环节的密度经济、范围经济和产品差别化几个要素进行分析。

（1）密度经济与范围经济

配售环节与输电环节一样都具有较强的自然垄断性，但配售环节与输电环节的自然垄断性不一样的地方主要来源于密度经济和范围经济。配售环节的密度经济是指由于配电网络覆盖范围较大，因而需要庞大的固定资本投资。这些固定成本在配电服务总成本中所占的比重相当大，当配电网内用户增加时，固定成本就可以分散到更多的用户上，从而使配电成本降低，收到密度经济效益。任何重复建设都会降低密度经济效益，造成资源的浪费。另外，在可变成本方面，配电线损随密度增加而减小。所以，配电领域的密度经济是相当明显的，它是配电领域形成自然垄断的根本原因。为了获取密度经济效益，各国政府均对配电区域实行特许专营的政策。配电领域也存在较大的范围经济。这种范围经济主要是指配电公司除经营配电业务外还可以经营煤气、自来水、城市供热等其他业务。由于这些业务均依赖于管、线等网络供应系统，具有很大的相似性，当它在某一区域内由一家企业经营时就能够收到范围经济效益。关于这一点比利时学者 A. 沃伯罗根（Verbruggen）曾对德国76家公司进行过调查。这些公司多数都同时经营两项（供电和供热）或三项（供电、供热和供煤气）业务，结果显示在这些业务中确实存在范围经济。配电领域的这种范围经济导致了在某一特定区域内存在一家企业对上述多种业务的垄断经营。

本书在基础理论部分曾详细论述过，当需求发生变化时，自然垄断的边界也会发生变化。当市场需求扩张时，市场容量的扩大足以容纳一家以上的企业共同生存和赢利。随着市场需求水平的增加，自然垄断的自然性质逐渐减弱，由强自然垄断演变为弱自然垄断，甚至不再具有自然垄断性。依据此理论，中国在今后相当长的一段时间内，电力需求将维持高速增长，绝大多数区域的负荷密度会继续增加，对配电网扩容有持续的需求，从而引起配售电环节自然垄断性的变化，容易出现配售市场数网并存竞争的市场结构。①

（2）产品差别化

配电网与输电网不同，一般采用放射方式向售电商和用户供电，它的质量将直接影响终端用户的用电质量。同时，发电和输电的质量问题也将通过配电网直接或间接地影响用户的用电质量。因此，对配电商品的质量要求规定得更具体、更全面。

① 胡济洲. 电力市场中配售环节的竞争与规制 [D]. 武汉：华中科技大学，2006.

目前国内已有一些供电方面的质量标准，如用户平均停电时间、电压质量标准等，国际上也根据市场经济环境的需要提出了一些以用户为导向的供电可靠性指标和电压标准。所以，配售电环节的产品是有差别的，这种差别将直接影响着用户的选择，形成配售环节竞争的基础。

4. 中国电力产业横向结构现状总结

综合前文分析，整个中国的发电环节市场结构现状是：发电环节竞争不激烈。国家作为投资主体的发电市场集中度高，规模不经济，进退壁垒偏高，产品差别化大。加上中国电力产业改革适逢电力紧缺，市场供不应求，五大发电集团、各独立发电企业之间，转向"跑马圈地"抢占坑口电站和发电量的竞争，并未出现激烈的价格竞争局面。这与中国的电力改革希望引入竞争、降低电价的初衷大相径庭。

电网环节市场结构现状是：电网垄断行为严重。国家电网经常利用自身的垄断优势限制和削弱地方电网的发展。以地方小水电为例，由于历史和现实国情等原因，我国不少地方政府很早就开始兴办小水电，并建立了地方电网，成为国家大电网的必要补充，而目前地方电网基本都有自己的供电区。自从1998年，国家取消了水利部农电司，将小水电的管理职能移交给经贸委后，小水电的投资建设审批权在发改委手中，行政管理权在经贸委，水利部也掌管着一小部分行业管理的职能，形成了目前地方小电网管理者缺位的情况，因此国家大电网利用其垄断地位，滥用垄断权力：如果地方小电网不被国家电网公司代管，国家电网就拒绝与其并网、随意断网甚至拒绝与地方小电网进行电力交易，辖区内的小电站就上不了电网。对于国家电网来说，非常有诱惑力的前景就是，把那些还没有到手的地方网一统到底，独占市场、独家经营，形成绝对垄断。

3.2　中国电力市场结构战略选择

1.　中国电力市场纵向结构选择

目前我国电力产业的纵向市场结构实际上选择了发电独立型的组织形式。这种结构只实现了有限竞争，不利于公平竞争。不仅如此，在发电厂多家竞争卖出、电网单一垄断买方的格局下，必然将形成买卖双方以电厂寿命周期为限的长期合约，相当于退回准一体化的市场格局。所以我国电力产业的纵向市场结构类型还要推进改革，以实现真正的竞争格局。总体来说，下一步必须把电网公司独立出来，与配售电环节分开，不参与批发市场上的竞争，而只是为交易双方提供传输和调度服务，并收取相应的服务费用。这样就可以把垄断留在输电服务环节并通过独立的电力规制机构监管其经营活动和服务价格。而大用户直接与发电厂商订立购售电合同，在批发市场上形成多家买方竞争的格局，进而在零售市场上让更多用户有选择电力公司的权利。

输、配电网开放模式在实际中有两种具体的市场结构：一种是完全开放的市场结构；一种是部分开放的市场结构，本书称之为准开放型市场结构。例如英国最终选择的是输、配电网完全开放模式下的电力市场结构。这种结构模式的开放程度大，将发电、输电、配电和售电完全分离，终端形成很多独立的电力销售企业，大小电力用户均具有自由选择权，是一种理想的市场结构。如果从结构模式本身看，任何国家的电力体制改革的最终目标都应朝着这个方向努力。但从我国电力工业的实际状况看，选择完全竞争的输、配电网放开的结构模式的可能性非常小。笔者认为，我国下一步的电力市场结构框架将是在发电侧开放基础上的输电网开放、配售电一体化并在一定程度上开放的市场结构，即准开放型市场结构。其具体框架如图3.9所示：

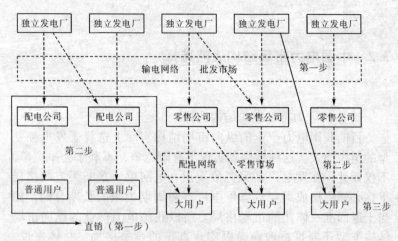

图 3.9　中国电力产业目标市场结构

（1）输电环节放开，形成批发市场

将输电环节从电力系统中分离出来，形成独立的电网经营公司。对构成输电环节的电网经营公司来说，有国家电网经营企业、区域电网经营企业和省电网经营企业，他们构成了整个输电环节。当区域电力市场之间需要进行电力转运或电力大客户（包括电力销售企业）需要直接购买发电公司的电能时，输电环节负责转运，转运方或电力大客户（包括电力销售企业）需要交纳过网费，从而形成具有竞争性的电力批发市场。其中，电力转运价格同上网电价一样是公开的，电力客户可以根据上网电价和电力转运价格决定采用不同的电力购买方式。值得注意的是，对这里的电力大客户和电力销售企业应该有一定的要求，例如要求电力大客户的容量必须大于 1000 千瓦，电力销售企业的年售电量必须大于 2 亿千瓦时等。

（2）配电公司负责配电和部分售电业务

配电公司在准开放式模式中与目前的供电公司是不同的。目前的供电公司（包括供电分公司）不仅负责部分输电业务，而且还为区域内的各种电力用户提供配电和售电业务。在"准开放式"模式中，配电公司不再提供输电业务，售电业务也只局限于区域内的普通电力用户（不是具有选择权的电力大用户）。其职责范围是为区域内的普通电力用户提供配电和售电服务，为提出配电需要的电力销售企业提供配电服务。

（3）电力销售企业为具有选择权的电力大用户提供电力销售业务，形成电力零售市场

在准开放式结构中，电力销售企业是独立核算的电力企业，负责向具有选择权的电力大用户提供电力销售业务。在这里提到的电力大用户比输电环节开放，比批发型模式中提到的电力大用户要小得多，例如100千瓦以上的电力用户在这里就可以称为电力大用户。实际上，电力销售企业仅仅是个贸易企业。一方面，它向电网经营公司或发电公司购买电力；另一方面，它向电力大用户提供电力销售业务。它并不负责配电业务，而是通过配电公司的配电业务为用户提供电力服务。

2. 中国电力市场纵向结构选择原因

上述中国电力市场目标结构的特点简言之，就是在售电环节"放大不放小"。只允许大用户有选择权，不赋予普通用户选择权，本书认为这是符合当前我国国情的电力市场纵向结构的选择。其原因主要是：

（1）技术支持的限制。电能计量是交易双方决策电量和电价的基础，受技术条件的限制，消费者实时计量设备的投资与维护必将增加电力零售交易成本，制约着配售功能组合的方式。一方面，在竞争环境下，特别是零售市场向家庭用户开放，每个零售消费者除了安装实时计量设备，还要安装通信和控制装置，使批发电力市场的价格变化传递到用户。用户根据电价的变化调整其用电需求，减少在高价格时段用电以控制自身的电费，就可能获得经济效率。但是安装这些装置的费用成本是否能补偿选择权的收益还是一个问题。另一方面，即使按照我国目前的发电竞价上网、电网单一购买的市场结构要求来衡量，

多数省（区）电力市场的技术支持也是不够的。因为要在电网调度管理中采用先进的能量管理系统，还需建立一整套电厂上网竞价交易系统，这不仅需要配置许多硬件，还要开发大量的软件。所以，若是要进一步开放输电网络和零售网络，则差距更大。因此从技术支持的角度来看，计量设备、通信和控制装置的投资与维护增加了交易成本。与发达国家相比，我国配电技术和计量技术甚至通信技术都处于发展阶段，而我国人均电力消费却远低于发达国家水平。显然，花费巨大的硬件和软件成本来开发零售市场不符合现实。

（2）电网过于脆弱。电力的生产、输送、分配、销售和使用是在每一瞬间平衡的。电网面对着众多不同性质的发电公司和发电厂，面对着各行各业的用户，面对着瞬息万变的负荷，面对着随时可能出现的事故，必须拥有现代化的调控手段、强大的调峰调频容量、足够的备用设备和周密的规划才能进行科学调度，使各电厂处于最佳的运行位置，发挥最优的综合效益，向用户提供可靠的、优质的和廉价电能。而中国的电网过于脆弱，这严重限制了传输权利市场的发展。中国传统输电网在当初建设时，是着眼于区域内发电厂与电力负荷互联，并不是为了通过大量用户选择发电厂、实施需求侧响应来促进发电厂的竞争的目的。因此，传统电网难以有效支持竞争性的电力市场，这就需要进行长期大量的投资。再加上我国电力工业的情况的确非常复杂，用电负荷量不同、用电性质复杂，普通居民用户数量多且分散，零售电力市场的网络要满足这些复杂的条件无论在技术上还是管理上都是非常困难的。所以，建立零售竞争模型并不是最好的选择。

（3）零售竞争是提高电力需求侧响应的必经之路。但是，在已经实现全部用户放开选择权的英国实践也已表明，小规模商业与家庭消费者引入零售竞争存在问题，而大用户得到了普遍认可，所以，准开放型目标结构更顺应国际经验。

4

中国电力市场结构规制绩效与
规制改革框架

4.1 中国电力市场结构规制现状

4.1.1 中国电力市场结构规制制度的变迁

我国电力市场结构规制主要经历了三个发展阶段:①②

第一阶段是 1978—1997 年，探索性改革时期的结构规制制度。

这一时期政府放松了严格的投融资规制制度。1982—1986年资金投融资制度实行了由财政拨款改为银行贷款有偿使用。1985 年国务院颁发了《关于鼓励集资办电和实行多种电价的暂行规定》，提出了"政企分开，省为实体，联合电网，统一调度，集资办电"和"因地因网制宜"的方针，并实行了"还本付息"电价政策，即电价是在成本的基础上加上合理利润。1993 年颁布了《全民所有制电力企业转换经营机制实施办法（试行）》，出台了《电力行业股份制企业试点暂行规定》。这些政策的调整和实施，放松了进入和投资机制，创造了发电市场的投资激励机制，允许和鼓励各种类型的资金和各方投资主体进入电力市场投资办电，促进了电力工业的快速发展。同时又积极利用世行、亚行、日本海外协办基金，政府出口信贷等贷款办电，鼓励外商来华独资、合资办电。大多数合资或非电力公司独资建设的电厂成立了发电公司，形成了大批独立发电商。1997 年，全国性的严重缺电局面基本得到缓解，打破了多年国家垄断的市场格局，电力行业形成了多渠道、多模式集资办电

---

① 吴一平. 道德风险、激励机制与电力行业规制 [J]. 商业研究. 2006 (3)：127 – 129.

② 许洁. 转轨期中国电力产业规制研究 [D]. 上海：同济大学，2006.

的体制，逐步形成了发电环节投资主体多元化的市场结构。

但是此阶段政府的规制体制并没有随着发电市场的部分放开而作出相应的改革与调整，而继续实行"政企合一、国家垄断经营"的体制框架（图4.1）。电力工业部作为国务院的行政机构，既是电力工业有关政策和规划的制定者，也是行业管理机构，行使行业管理和行政执法的职能。在电价政策上也存在一些问题和缺点，主要是：没有出台规范的电价定价原则、计算办法、审批程序；对电厂造价没有限制，助长了建设中的铺张浪费，造价过高，使电价不合理升高，加重了用户负担；农村电价过高；电厂和电网垂直一体化经营，电价交叉补贴严重，定价透明度不高。

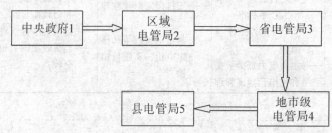

图 4.1　传统的电力产业 5 级管理制度

随着电力供需形势的好转，这些放松规制的制度负面影响也逐渐积累和显现。各级政府都有电价审批权和一定规模项目审批权，造成电价管理失控和小火电无序发展等问题。

第二阶段是 1998—2002 年，政企分开的结构规制制度。

这一阶段改革的原则是打破垄断，引入竞争，提高效率，降低成本，构筑政府规制下的政企分开、公平竞争的电力市场结构。1997 年 1 月正式成立的国家电力公司，下属五大集团，七个省公司，两个直属集团公司。1998 年，中央撤销电力部，组建国家经贸委电力司。由国家经贸委及各省经贸委负责政府管电职能，在中央层面实现了电力行业的政企分开，中央有关部委收回电力项目审批权和电价定价权。国家电力公司被授权经营原电力部管理的国有资产。1998 年 3 月，将电力部和水利部电力管理局撤销，成立了国家电力公司并脱离政府序列，使其开始在市场经济轨道中以企业的行为方式运行。

这一阶段的主要规制部门和规制职能如表 4.1 和图 4.2 所示。

表 4.1　　　　　　　主要规制部门及其规制职能

机构	国家经贸委	国家计委	财政部
规制职能	——制定行业规划、法规和经济技术政策 ——制定行业规章、规范、技术标准 ——实行行业管理与监督 ——负责电力资源平衡和供电营业区管理	——制定电力发展战略 ——规划重大项目布局 ——安排国家财政性建设资金 ——制定电价政策和核定电价，实施价格检查	——制定财务管理制度，规定成本构成和财政监督 ——国家资本金管理 ——监督收缴国有资本金收益

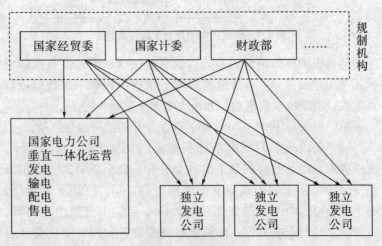

图 4.2　电力产业政府规制部门结构图

此阶段的改革使电力产业政企合一的体制性弊端得到了一定程度的克服，其基本矛盾主要集中于垂直一体化的行业垄断。下一轮制度变迁的焦点就在于打破这种一体化的行业垄断。

第三阶段是 2002 年至目前，国务院确定了新的电力市场结构改革方案。

国务院确定了新的电力市场结构改革方案：厂网分开、产权重组、输配分离、完善法律、强化结构、配套实施、稳步推进。2002 年 11 月，原中国国家电力公司拆分重组后形成的 11 家电力公司在北京宣告成立。此次拆分，在发电环节引入竞争机制，实现了"厂网分离"。电网环节分别设立了国家电网公司和中国南方电网有限责任公司，国家电网公司下设华北、东北、华东、华中和西北 5 个区域电网公司。2003 年 3 月，第十届全国人大一次会议通过国务院机构改革方案，国家电力行业的行政管理职能由国家经贸委电力司移交到了国家发改委，并增设了能源局和国民经济运行局。同时，为了对电力产业进行监管和保证改革顺利进行，2002 年，中央决定设立国家电力监管委员会，规定其为国务院直属单位，统一行使对电力市场的监管职能。其主要职责是：制订市场运营规则，监管市场运行，维护公平竞争；向政府价格主管部门提出调整电价的建议；监管电力企业生产标准，颁布和管理电力业务许可证；处理电力纠纷；负责监督社会普遍服务政策的实施。它按照垂直体系设计，向区域电网公司电力交易调度中心派驻代表机构。电监会的正式成立，标志着我国电力行业管理体制由传统的政府行政管理向适应市场经济要求的依法监管的重大转变，表明电力行业在体制创新和制度创新中迈出了实质性的一步。

4.1.2 中国电力市场结构规制制度的问题

1. 电力市场结构规制的法律基础严重滞后

目前，旧的垂直一体化垄断市场结构被打破，新的竞争性市场还未完全建立，电力市场结构改革的问题急需规制制度规范、保障和促进，但是，我国电力市场结构规制制度的法律基础却严重滞后，不能为电力市场结构规制制度改革提供法律依据和法律原则。[①] 现行《中华人民共和国电力法》（以下简称《电力法》）自1996年4月1日起正式实施，是我国第一部电力法规，也是中国电力市场结构规制制度的法律基础。

随着社会经济的发展，电力工业进行了一系列的改革和发展：撤销电力部，成立国家电力公司，进而又分为南北电网公司、若干发电公司，推行政企分开、厂网分开、主辅分开和市场化运作；进行城乡电网改造和推行同网同质同价等重大市场结构改革决策。《电力法》由于受到当时经济历史背景条件的限制，很多内容已经显露出其不能适应电力市场结构变化的要求，甚至有些条款与新的市场结构改革的要求相冲突。这突出体现在现行《电力法》保护垄断的市场结构，缺乏对建立竞争性电力市场结构及运作方面的规制。

（1）保护垄断的条款。"供电企业在批准的供电营业区内向用户供电"，"一个供电营业区内只设一个供电营业机构"等法律条款与建立竞争性的电力市场结构要求相冲突。"供电企业在批准的供电营业区内向用户供电"的规定与资源优化配置、全国联网的趋势背向而驰。"一个供电营业区只设一个供电营业机构"的规定也必然导致区内供电垄断，与产权多元化及平等竞争等市场结构规制制度是格格不入的。

（2）缺乏促进竞争的条款。如缺乏对电力市场主体地位的界定，对发电、输配电、售电企业和大用户的法律地位以及经营范围，现行的电力法尚无清晰的定义和确认。如"两改一同价"之后，缺乏对城乡电网改造中出现的电力资产产权问题及维护管理问题的规范，不能适应竞争性电力市场结构主体多元化的要求；如电价问题，《电力法》规定电价是政府核准制和定价制，尚无法规明确电力企业根据市场自主定价，使电力企业不能适应竞价上网的市场结构改革要求。

（3）缺乏保护竞争的条款。目前《电力法》没有为电监会行使权力提供可以依据的一套法律法规基础。所以从严格意义上说来，电监会不符合法律程序。因为电监会需要通过这部法规确定其法定的监管地位，从监管职责、监管内容、监管方式、监管程序、处罚办法等等方面来保证电监会行使监管职能时的独立和有效。而现行《电力法》对电监会的法律需求缺乏明确规定。因此上述电力市场结构规制制度法律基础的滞后，造成国家调控难以奏效，公平竞争的电力市场结构难以形成。

2. 电力市场结构规制机构职能配置不合理

电力市场结构规制是系统性极强的工作，需要电价审批、市场准入、投融资管理、成本监控等相关规制密切协同，才能取得预期的效果。但是，当前我国对电力市场结构规制的机构职能配置却非常不合理。其主要问题是目前电力产业仍保持着"条块分割、层层审批"的规制框架，电监会的规制名大于实，不能独立充分地发挥规制作用，使得地方在一定程度上可以各行其是。

例如对市场结构影响最大的准入规制方面，现行发电环节市场准入的政府规制机构是国务院、国家发改委以及各地方政府。具体分工为：①投资3000万元以下的新建电力项目由地方政府审批；②投资3000万元以上，2亿元以下的新建电力项目，由国家发改委审批；③投资 2 亿元以上，10 亿元以下的新建电力项目由国务院审批。而电价的规制机构，无论是发电环节上网电价还是输配电价格都由各级纪委和各地方物价局分别按照管理权限审批。具体做法是：①跨省、自治区、直辖市电网的上网电价和销售电价，由电力生产企业和电网经营企业提出方案，报国家计委核准。②独立电网内的上网电价和销售电价，由电力生产企业和电网经营企业提出方案，报有管理权的物价行政主管部门核准。③地方投资的电力生产企业所生产的电力价格可以由所在省、自治区、直辖市人民政府管理。④跨省、自治区、直辖市电网和独立电网之间、省级电网之间的互供电价，由双方协商提出方案，报国家计委核准（2003 年后为发改委）。[①] 新企业进入电力产业后，企业的经营范围由工商行政管理部门核定；供电营业许可证由电监会负责，电力技改项目由发改委负责，成本监控由财政部负责，发改委、国资委、财政部、税务总局、审计署、环保局等，都对电力企业拥有规制权。

而新成立的电力规制部门——电力监管委员会基本上只是一个"傀儡"型规制者，它的实质性规制职能仅限于行业规章的制定、许可证的发放和部分执法行为，重要的有关市场结构规制的电力投资审批权和价格规制权力并没有赋予电监会，而混淆于前文各政府机构的宏观政策和微观管理职能中。电监会没有这两项权力，也就缺少有效的、具有约束力的规制工具，其规制行为对规制对象而言约束力不强，缺乏独立性和权威性。

上述多主体的规制机构导致了"错位"、"缺位"、"越位"并存的局面，造成了环节多、部门多、低效率的问题，如地方政府利用自己对 3000 万元以下项目审批权和核定上网电价、对用户销售电价的权力，不仅使成本高昂的小火电投资建设，还

① 周业烨. 我国电力行业政府规制改革问题的研究［D］. 南京：南京理工大学，2006.

可以保证电力上网和高价售出，使中央政府规制处于效力不足状态。一批高能耗小机组的建设和投产，使电力工业技术水平出现倒退，给今后电力结构及产业布局调整增加了难度。仅2004年，我国违规开工项目总计达1.25亿千瓦。更为严重的是电力工业一旦出现问题和矛盾，又会出现部门之间的互相推诿责任，无人负责，中央难以追究责任。比如近年来越来越突出的市场分割、电价混乱、水电不合理弃水、高效大机组为小火电调峰等一系列资源浪费现象时有发生，与规制机构职能分散有很大的关系，但这些责任的追究很难落实到某个具体的规制部门。

3. 电力市场结构规制机构缺乏有效的规制手段与措施

首先，缺乏有效的手段促进发电领域的竞争。目前，发电投资、上网电价通过行政审批决定，上网电量由政府计划安排，缺乏形成竞争的机制。虽然提出要放松准入限制，鼓励国内民营资本进入，以促进有效竞争，但无具体、公开的准入程序与规则，导致虽然实现了发电主体多元化，但仍然是国有企业占多数。而与私人经济相比，对国有企业的规制要困难得多。

其次，缺乏有效手段保证调度与市场主体地位的公平。目前在我国，电网公司是单一发电购买者，并负责电力调度；但其自身还拥有发电容量，要做到公平调度就存在利益冲突。前文已经具体分析，在这种情况下，规制机构协调厂、网关系、保证市场主体公平、对公平调度的监管，都存在较大的困难。

再次，缺乏有效手段调整电价以促进市场结构优化。如输配电价的监管，未能取得有效进展。输配电价一直采用从两头倒退的方法，厂、网分开后，矛盾突出。电网公司的成本回收要求独立的输配电定价权，虽已确定采用基于回报率方法制定独立的输配电价，但未取得实质性进展。采用成本加成的规制方法，需要对企业成本进行有效监管，但目前远未实现。

最后，专业规制人才不足。从全国电力规制的总体力量上来说，除了中央规制机构外，各地方计委、经贸委（2003 年后合并改为发改委）也有电力审批、电价管理部门及专门负责人员，负责本地电力建设项目申报、审批、价格管理和一般行业管理工作，并已经形成相当庞大的队伍。但是，中央规制机构在规制权力上分散，人力、物力不足，导致中央规制部门缺乏必要的规制力量。一个有效的规制框架运行不仅需要足够的规制人员，而且需要规制人员的知识结构合理配比；除了工程师外还需要规制人员中有特殊的专业技能，如经济师、法学家、会计师、财务分析师等。和世界其他国家电力规制机构的规制人员规模相比，我国规制机构的规制人员配备不足，规制人员结构不合理，规制人员一般多为政府行政管理人员和技术人员，财务、审计、经济、法律等方面的专业人才较少，真正掌握现代经济理论和规制理论的专业规制人才更少，难以适应现代规制政策性、专业性、时效性强的基本要求。[①]

4. 电力市场结构的行政垄断大量存在，政府承诺能力低下

电力纵横分拆之后，行政主管部门或垄断企业既是"裁判员"又当"运动员"的情况有了较大改变。但是，电力产业分拆基本上是政府主导的，以行政区划为基础的，根本不存在市场手段选择产权变更和组合的情形。改革后，行政垄断现象依然严重，电力产业的经营者由管理机构委派和考评，运营企业作为政府机构附属物的状态没有根本改变。其结局是经济上的低效率和社会资源上的浪费，输电和配电环节高度垂直一体化情形依然没有大的改观，电力上网价格和终端销售主要还是由政府直接定价，反映不出自然垄断和非自然垄断的区别，电力企业在以行政区划为界限来划分企业的市场范围内垄断经营。

① J Stern. Electricity and Telecommunications Regulatory Institutions in Small and Developing Countries [J]. Utilities. 2000 (9)：131－157.

这种垄断模式虽然便于政府对所属企业的直接管理，但企业经营的市场范围受制于政府的行政区划，有悖于经济合理和规模经济原则，造成经济上的低效率和社会资源的浪费。

　　一方面是行政垄断的大量存在，另一方面却由于政府的承诺能力弱，导致政府规制机构规制力量缺乏。在西方国家，由于有比较成熟的监督和制衡机制，政府的承诺是有保障的。但是在我国电力市场结构规制上，完善的监督和制衡机制并没有建立起来，政府的承诺能力是有限的。这意味着规制部门在电力规制改革中很容易受到利益部门的影响。政府和规制机构很难使经营者和资本市场相信他们对长期政策的承诺。因此，高强度的激励机制将不能很好地发挥作用。这样就面临着一个困境：一方面，迫切需要为企业提供激励，促使企业努力提高生产效率，以便实现竞争的市场结构；但另一方面，不完善的制度环境又不允许提供这样的激励机制，使电力产业存在着潜在的低水平发展的恶性循环机制。

　　5. 中国电力市场结构规制在破除垄断和保证电力改革安全性之间艰难抉择

　　2002 年的电力改革将电网从原国家电力公司中分离出来，成立独立的国家电网公司。同时，又将全国电网分为七大区域网，其中除了南方电网公司是独立公司以外，其余六个区域电网公司都与国家电网公司存在股份关系。我国对输电网的改革既不同于美国，也有别于英国。美国不存在全国统一的输电网，而是几大分割的区域网，因而也不存在与全国电网相对应的国家电网公司。英国是全国只有一张输电网，独立的国家电网公司拥有并垄断经营输电业务。

　　我国保留国家电网公司是从电力的安全性角度来考虑的。电力的技术特征决定了电力的安全性与输电环节密切相关。2000 年美国加利福尼亚州爆发的电力危机为我国电力改革敲响了警钟。加州电网是一个完全封闭的区域电网，以致危机爆发时，其他电网援救不及。而且，几乎在加州危机爆发的同时，我国的"西电东送"也因为区域网之间的联网不通畅而受到阻碍。相反，英国由于全国一张网，从20世纪80年代初电力改革直到现在从未出现过严重的安全事故。这说明区域网互相连接和电力负荷在全国范围内的调度是保证输电安全的重要前提。而这两项任务只有全国性的电网公司可以承担。

但是，保留国家电网公司却留下了维持垄断的隐患。国家电网公司是从政企分开不彻底的产物——原国家电力公司中脱离出来的，它完全可能凭借其强大的经济实力、深厚的历史渊源和复杂的既有关系独立行事，甚至进行操纵，从而违背了打破垄断这一改革的初衷。[①] 而且，国家电网与区域电网之间的关系定位也是一个遗留难题。目前的改革方案中关于国家电网公司与区域电网公司的关系的规定如下："区域电网公司均为独立运作的股份责任公司，与国家电网公司只有股权上的联系，有的为控股关系，有的只是持股"。这一表述存在明显的矛盾：如果国家电网是控股公司，那么区域电网公司怎么可能独立运作呢？而且，如果国家电网公司控股区域电网公司，区域电网公司又再控股省电网公司，那么国家电网公司就是省电网公司的母公司。由于国家电网公司和五大发电集团的前身同为原国家电力公司，即使分拆之后，它们之间仍必然存在千丝万缕的联系。这样，省电网公司利用其输电的垄断地位对五大发电集团以外的发电企业实行不公平接入不是不可能。而电监会要真正成为一个强势的规制机构还需要较长的过渡时间，在这以前要对输电网的公平接入实行有效规制相当困难。

所以，中国电力市场结构规制改革在破除垄断和保证电力

① 王晓冰. 电力改革方案始末 [J]. 中国改革, 2004 (4)：58-60.

改革安全性之间艰难抉择。从目前来看，对电力市场结构的规制，政府优先考虑的是安全，寄希望于电监会发展成熟后，再考虑效率问题。这也是中国市场结构规制改革一直比较缓慢的原因之一。

4.2 中国电力市场结构规制绩效

4.2.1 中国电力产业市场结构规制绩效的争议

早在 2000 年 5 月，《经济学消息报》就发表了《令人沮丧的电业改革》一文。该报和有关媒体连续对电力行业提出尖锐批评，从而引发了关于电力市场结构改革的公开大讨论。也正是在此期间，二滩水电站建成即严重亏损的问题引起了国家高层和社会极大关注。而这种讨论在 2005 年 12 月 17 日《21 世纪经济报道》的一篇报道推出后达到顶点。其原因主要有两个方面：一是该报道本身题目的尖锐，直接是"中国电力改革'基本不成功'"；二是得出此结论的人是国家电力监管委员会信息中心统计分析处处长杨名舟。报道一出，立即在人民网、新华网等媒体上得到广泛引用和评论。本书把这类对中国电力改革评价的观点称为"基本不成功论"。

杨名舟将一份长达 20 页的报告上书至国务院。报告称，中国电力工业体制改革基本上是不成功的，成为了国家经济体制改革和国民经济持续高速发展的主要阻滞因素，存在垄断日深、体制扭曲、机制复旧等问题，改革付出了巨大成本，却与市场化的方向愈走愈远。

在他看来，2002 年前改革启动的方向是正确的，但随后的改革进程有些脱离了轨道，甚至发生了逆转：在近年来的电力体制改革进程中，由于缺乏强有力的推动和监督力量，缺乏法律支撑，改革阻力重重，形成了目前电力改革停滞、僵持和反复的局面。这主要表现在，电力发展仍没有走出典型的高投入、高消耗、高污染、低产出以及高电价、低效率的泥潭；市场结构改革过程中，厂网未能真正分开，输配分开搁浅，公司化改组被"阉割"，电源发展盲目扩张，电网发展思路混乱，垄断日益深重。杨名舟认为，这种弊端集中体现为厂网分开的不彻底。如今全国绝大部分中央国有电网资产，以及 3600 多万千瓦的发电资产都集中在一家公司。另外，虽然按照"5 号文件"精神，成立了华北、华中、华东、东北、西北等 5 大区域电网公司。但原本应该成为电力市场最主要推动者的区域电网公司，在垂直一体化的体制下日渐势微。供电公司作为电力市场最大的购售电主体，却不是独立的企业法人和市场主体，使得电力市场主体单边化，资源优化配置成为无本之木。这样一来，直接的结果是发电、输电、配电、售电等环节仍集于一体，厂网不分，垄断的市场结构依然存在。

支持其观点的一些数据是：2004 年国有全资的"两网、五公司"七家电力巨头中，两大电网公司总资产为 13 603.37 亿元，仅实现总利润 146.97 亿元；五大发电集团的总资产为 6000多亿元，实现总利润仅为 140 亿元。近 2 万亿的电力资产，占国有资产总量的 1/4，在全国电价普遍上涨的情况下，每年只有 200 多亿元的微薄利润，1% 的资金回报率；效率奇低，投资回报甚至低于银行贷款利率。而发达国家电力工业的资金回报率高达 9% ~ 11%。

有关数据显示，"十五"期间全国新增 1.8 亿千瓦电力装机容量，"十一五"前二年再增加 2.6 亿千瓦电力装机容量，预计到 2010 年总的装机容量将达 8 亿 ~ 9 亿千瓦。"这一发展速度是古今中外都没有的。"杨名舟认为，中央和地方各投资主体的投资85%来自国有银行贷款；一旦电力供过于求，电价下降，企业投资回报率和效益下降，无法还本息，将可能形成几千亿乃至上万亿的不良资产。

4.2.2 中国电力市场结构规制绩效的实证分析与评价

1. 实证分析

（1）电力总量发展分析

经过几个阶段的市场化改革，我国电力行业取得了巨大成就。从1999年开始，电力供应基本摆脱了过去几十年一直存在的严重不足问题。2000年以后，发电量以超过10%的速度递增，超过了国内生产总值的增长速度。

但是，我国电力供应屡经大起大落，极其不稳定。从图4.3可以看出：1994—1998年，发电量增长率一直下降；1998年下滑到谷底；1998—2000年，恢复到1994年以前的增长速度；2001年经历了小幅度的下降之后，再度快速升高至2003年的16.34%的增长速度；2004年、2005年虽然有回落的趋势，分别是14.6%和14.2%，但是始终保持在14%以上；2006年、2007年开始上扬，分别为15%、14.87%。回顾历史我们会发现，这是政府对电力市场结构调整所起的作用。20世纪80年代，中国用电量同比增长一直维持在9%～10%之间。1991年和1993年两年都维持在11%以上，出现了所谓的"经济过热"，全社会都感觉到电力紧张。因此1993年开始治理整顿，长达5年里实行经济软着陆。到1998年，发电增长同比下滑到谷底，为2.07%。由于发电设备大量闲置，煤炭行业全面亏损，能源工业全面萎缩，国家计委发文中硬性规定"两年不许开工新的火电项目"，因此那一阶段新增的电力项目主要是水电站和核电站；同时为了鼓励用电，上了一批高耗能的用户，如电石厂、硅铁厂、化肥厂等。由此导致了"十五"期间全国范围的电荒。

为了应付电荒，各个省市在此期间（2004 年前后）又加大了对电力的投资，按照电力项目四到五年的建设期。本预计 2008 年左右，电力又会进入新一轮的过剩，但随后出现的"5·12"大地震和金融危机，使本已过剩的电力生产能力加倍过剩，平均发电利用小时继续下降。受下游行业用电需求不足影响，政府再严格控制，控制后再短缺，于是电荒周而复始地出现了。

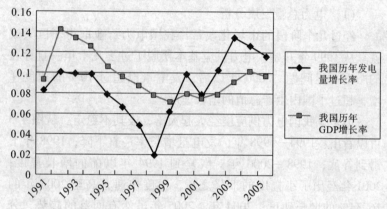

图 4.3   我国 1991—2006 年发电量增长率与 GDP 增长率关系图

（2）电力弹性分析

用电弹性系数即电力消费弹性系数，其数值为某时期全社会用电增长速度与国内生产总值增长速度的比值。1988—2007 年间，中国电力弹性系数处于强烈的波动状态，如图 4.4 所示。近几年来，由于电力需求增长速度持续高于经济增长速度，中国电力消费弹性系数连续 8 年大于 1；2000—2007 年间平均电力弹性系数达到了 1.28，远远高于此前 12 年（1998—1999 年）的 0.9 的平均水平。这说明经济结构的重型化趋势和粗放型的经济增长对能源消耗的依赖性越来越强。

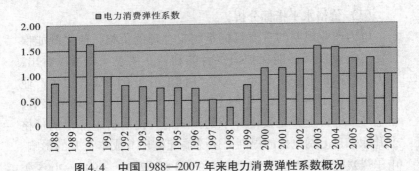

图 4.4　中国 1988—2007 年来电力消费弹性系数概况
资料来源：中经网统计数据库。

电力生产的弹性系数是电力生产总量的年均增长速度与国民经济年均增长速度之比，也是研究能源生产增长速度与国民经济增长速度之间关系的重要指标。通常认为，电力应当适当超前发展，即电力增长速度应当大于国民经济增长速度，也即电力生产弹性应当大于 1。同时，国际一般认为电力生产弹性在1.2 左右为景气水平。如图 4.5 所示，中国从 1988 年到 2007 年的 20 年期间，近一半时期即 1991—1999 年的电力生产处于 1 以下，说明中国电力生产在此期间有所停滞，这一态势与中国发电量增长率的趋势相吻合（参考图 4.3）。从 2002—2006 年间，电力生产弹性在 1.2 以上，说明中国电力近几年加大了电力投资力度，生产弹性有较大的改善，支持着中国经济的发展。

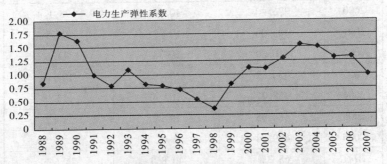

图 4.5　中国 1988—2007 年来电力生产弹性系数概况
资料来源：中经网统计数据库。

（3）价格水平指标分析

电力产业规制的首要目标是制定合理的价格，使之既能保证促进企业发展又能保护消费者的利益。从表4.2可以看出，电力平均销售电价在1996—2006年间上升了65.3%，电力产业出厂价格在1996—2005年间上升了40.8%。从电力环节来看，售电环节电价上升是发电环节的1.7倍，说明售电环节的价格上升除来自上网电价的提高，还受输配电环节成本上升的影响。由于煤炭的成本占到了发电成本的30%～70%，1996—2005年煤炭工业的出厂价格指数同比上升了74.6%，高于电力产业出厂价格增长幅度达33.6%，这说明在煤价上升和铁路运价调整的情况下，发电企业提高了其生产效率，自身消弭了部分燃料价格上升增加的成本。

表4.2　　　　　1996—2006年电价指数情况

年份	平均销售电价（元/兆瓦时）	电力产业出厂价格指数	煤炭工业出厂价格指数
1996	302.07	102.9	98.1
1997	333.27	113.1	113.7
1998	354.07	105.5	96.6
1999	358.24	100.9	94.8
2000	376.40	102.4	98.1
2001	403.06	102.3	106.5
2002	410.00	100.8	111.6
2003	430.82	100.9	107.0
2004	458.22	102.4	115.9
2005	484.98	104.2	118.2
2006	499.34	—	—
增长	65.3%	40.8%	74.6%

资料来源：中经网统计数据库。

（4）电源结构分析

由于火电成本低，项目建设周期相对较短，我国长期以来形成了火电为主、水电为辅、其他能源发电比较少的格局。

表4.3　　　　　　1998—2006 年电源结构情况

年份	火　电 所占比例（%）	水　电 所占比例（%）	核　电 所占比例（%）
1998	81.1	17.6	1.2
1999	81.5	17.3	1.2
2000	80.9	17.8	1.2
2001	81.2	17.6	1.2
2002	81	17	1.9
2003	82.9	14.8	2.3
2004	82.6	15	2.3
2005	81.5	16	2.1
2006	83.1	14.7	1.9

资料来源：中国发电企业信息网。

该电源结构不利于电力行业的可持续发展。从表4.3可以看出，我国火电比例一直高达80%以上，水电、核电及其他能源发电比例不足20%，耗煤高、污染高的中小火电发电机组比例居高不下，而国际上的平均水平是各种能源如煤炭、石油、水利、天然气和核能等份额相对比较平均，没有我国过分依赖煤炭资源的情况。众所周知，燃煤是中国主要污染和温室气体排放的主要来源。在 2007 年，电煤消耗 12.82 亿吨，占全国煤炭产量26 亿吨的大约一半，专家预计2008 年将消耗13.9 亿吨。如此大规模的电煤消耗产生了全国大约90%的 SO_2 排放、80%的 CO_2 排放，带来了严重的环境问题；再加上近年来煤炭供应趋于紧张，电煤价格居高不下，对火电的发展造成了一定程度的制约，因此应该优化电源结构，发展可再生能源发电。

（5）行业利润指标分析

规制应使电力企业获得合理的收益率以保证企业有足够的资金发展新技术和进行创新。但规制在保证合理利润的同时还应防止电力行业通过垄断获取超额利润。我们可以用总资产贡献率和销售利润率这两个指标来反映电力企业的利润状况，其值越大说明行业获取利润的能力越高。总资产贡献率反映企业全部资产的获利能力，销售利润率反映市场销售收入利润回报。

从动态上看，表 4.4 清楚地表明，处于经济效益核心地位的电力行业的总资产贡献率在 1993—1999 年间呈下降趋势，说明电力行业在打破了国家垄断、政企分开、市场化的约束的情况下，企业出现短暂的不适应性"阵痛"，维持垄断利润的外部条件弱化，致使高额垄断利润不断下降，造成 1999 年总资产赢利能力下降到低点。总资产贡献率在 2000—2005 年间则开始缓慢上升，说明新机制促进了竞争，企业重新崛起，电力行业的获利能力和利润回报开始提高。2002 年电力行业进一步深化改革，整体上形成了"两大电网公司—五大区域电网—五个发电公司—四个辅业集团公司"的竞争格局。竞争的引入优化了资源配置，获利能力持续提高。

表 4.4　　　　　　　　　电力行业的收益率变化　　　　　　单位:%

年份	总资产贡献率		销售利润额	
	电力行业	全部工业	电力行业	全部工业
1993	10.20	10.33	7.72	4.21
1994	9.82	10.21	8.57	4.24
1995	7.92	8.29	6.43	3.09
1996	8.84	7.11	7.33	2.57
1997	7.84	6.92	6.22	2.68
1998	7.78	7.12	6.40	2.20
1999	6.72	7.45	5.51	3.60

表4.4(续)

年份	总资产贡献率		销售利润额	
	电力行业	全部工业	电力行业	全部工业
2000	7.18	9.00	6.70	6.80
2001	7.40	8.91	6.80	5.00
2002	7.54	9.45	6.40	5.20
2003	7.62	1050	6.30	5.80
2004	7.94	12.26	5.20	5.98
2005	7.57	11.82	5.85	5.9
2006	/	/	6.33	6.09

资料来源：中经网统计数据库。

　　从表4.4的横向上看，1993年以来总资产贡献率整体上低于整个工业的数值，但其销售利润率基本上高于整个工业的平均水平，这是反常的现象。电力行业本身是资本高度密集的行业，出现这种资产贡献率低的情况说明利润并非来自资本的有效使用，而是依靠其强大的资本贡献累积的市场势力，制定了较高的垄断价格获取了市场垄断利润。

　　从表4.4我们还可以看出，2004年、2005年电力行业的销售利润率低于整个工业的利润额。这是主要是因为在2004年煤价大幅上涨的背景下，国家出台的煤电价格联动体制的运行迫使电力行业消化了部分煤价的涨幅，所以电力工业销售利润额落后于整个工业的利润额。这也提醒电力公司，要想成为市场化运作的经济实体，必须寻求新的方法挖潜降耗、提高效率。

表4.5　　　　　　　我国电力行业工资情况

年份	电力行业平均工资（元）	全国平均工资（元）	电力行业比全国平均工资高出的百分比（%）	电力行业工资水平在各行业中的排名
1993	4319	3371	28.1	2
1994	6155	4538	35.6	4
1995	7843	5500	42.6	1
1996	8816	6210	41.9	1
1997	9649	6470	49.1	2
1998	10 478	7479	40.1	2
1999	11 513	8346	37.9	3
2000	12 830	9371	36.9	3
2001	14 590	10 870	34.2	3
2002	16 440	12 422	32.2	3
2003	18 752	14 040	33.6	4
2004	21 805	16 024	36.1	4
2005	25 073	18 364	36.5	4
2006	31 179	21 001	48.5	4

资料来源：1994—2006 年的《中国统计年鉴》。

从表4.5可以看出，电力行业的全国职工平均工资最高时是1995年和1996年，在全国各行业中排名第一；随后逐年下降，2006年是31 179元，在各行业中居第四位，排在信息传输业、金融保险业和科学研究综合技术服务业之后。这说明国家对电力产业的"厂网分开、竞价上网"等措施有效地促进了竞争，减少了电力行业的垄断利润。然而，2006年电力行业职工平均工资即便排在第四，依然比全国职工平均工资21 001元还多10 178元，高出48.5%。这说明一方面基于前期资本的累积投入，资本的贡献率在短期内仍将继续维持电力公司的高额利润。另一方面，电力企业的"内部人"分享了垄断利润的一部分，以利润分享为主的成本上升成为企业运营成本上升的一个重要因素。

（6）电力行业效率指标分析

为了分析电力行业效率高低，本书选取了成本费用利润率，流转资产周转次数，劳动生产率和资本、劳动比率指标作为分析依据。成本费用利润率是利润总额与成本费用总额的比值，它反映投入产出状况，其值越大说明成本越低；流动资产周转率是产品销售收入与流动资产平均余额的比值，用以反映营运状况，其值越大说明资产的利用效率越高；全员劳动生产率是工业增加值与全部从业人员平均人数的比值，它反映投入产出状况，其值越大说明效率越高。资本的产出和劳动产出比值的变化可以用来检测电力行业的性质，是劳动密集型还是资金密集型，值越大，属于资金密集型趋势越强。

从效率指标来看（参见表4.6），反映生产成本及费用投入的经济效益指标——工业成本费用利润率几乎一直呈现下降趋势，说明我国电力行业的运营成本在上升，这与近年来火电企业所用燃料（如煤炭、石油等）价格的连年攀升是分不开的。在这种情况下，笔者认为企业应该积极引进煤耗低的机组、改进发电能源结构，节约各种费用降低成本，而不是坐等国家提高上网电价。

1995—2000年，电力企业流动资产周转次数一度明显降低。这是由于"九五"期间，我国的基础工业发展停滞，国有企业效益不好，国家电力出现过剩。另外，1997年国家电力公司拉开了电力市场化改革的大幕，各种改革方法处于摸索阶段，不可避免地会产生一些结构性调整的成本，从而影响到资产的使用效率。随着国家宏观政策的调整，这一局面在"十五"期间明显改观。直到2005年，流动资产周转次数达到10年的新高，资本使用效率大大提高。

我国电力行业全员劳动生产率逐年上升，尤其是"十五"期间，增长幅度较大，这既与"九五"期间，关闭了大批高投入、低产出的小电厂有关，也与国家采取的一系列诸如竞价上网等激励企业提高效率的市场化改革措施有关。但是我们也要看到，劳动生产率的提高还可能是资本代替劳动的原因。

从资本、劳动比率的变化来看，1993—2003 年间，电力行业的资本、劳动比率提高了将近四倍，说明我国电力行业正逐步由劳动密集型行业跨入资本密集型行业之列。不过这也有可能是企业过渡使用资本，即出现了所谓的 A-J 效应。所以国家在鼓励企业用资本替代劳动投入的同时，应该注意调整规制手段，防止 A-J 效应的发生。

表 4.6　　　　　　　　　我国电力行业效率指标

年份	电力工业成本费用利润率（%）	电力工业流动资产周转次数（次/年）	电力工业全员劳动生产率[元/(人·年)]	电力工业资本、劳动比率（%）
1993	9.46	7.83	74 745	13.22
1994	10.27	2.20	42 557	18.07
1995	7.93	1.76	58 717	22.12
1996	8.86	2.06	62 942	22.44
1997	7.51	1.77	73 549	29.46
1998	7.06	1.50	87 120	38.50
1999	5.83	1.53	96 946	39.84
2000	7.24	1.47	99 845	49.49
2001	7.32	1.66	117 481	55.44
2002	6.82	1.84	135 723	61.41
2003	6.73	2.03	151 258	64.61

表4.6(续)

年份	电力工业成本费用利润率（％）	电力工业流动资产周转次数（次/年）	电力工业全员劳动生产率[元/(人·年)]	电力工业资本、劳动比率（％）
2004	5.55	2.25	—	—
2005	6.62	2.73	226 353	/

资料来源：中经网数据库。

2. 绩效评价

前面的实证分析和数据说明，中国电力行业的规制在配合经济的发展、降低企业成本、提高资产利用效率和改进生产效率方面发挥了积极的作用。但电力行业总体的成长并非全部来自规制产生的资源有效配置、企业存在资源的无效率使用和A-J效应。笔者认为，原因在于规制在降低成本方面出现滞后和激励不足，使要素投入组合扭曲，造成高的成本，降低了经济效率和社会福利。

对于前文谈到的社会各界对中国电力市场结构规制的绩效问题的成功论与不成功论，笔者认为，电力市场结构规制的改革绩效不能简单地用成功与否来判定。仅就目标来说，中国电力市场结构改革在不同的阶段有不同的目标，其中还有主要与次要、宏观与微观、短期与长期等，包括效率与公平、经济与社会及环境等内容。中国的电力市场结构改革是一个庞大、复杂的系统工程，要采用有理论研究的、系统规划的、渐进的方式积极推进，不能一蹴而就。这就决定了我国的电力市场结构规制改革需要沿用"摸着石头过河"的方式进行，所以我们的市场结构规制改革绩效的评价需要与市场结构改革的基础条件、改革目标、改革模式等联系起来才有意义。现在就说我国电力市场结构规制改革不成功不但为时过早而且也太绝对，应该看到我们首先保证了电力安全，没有发生重大的停电事故；应该看到我国的电力增长迅速，极大迎合了经济的发展；应该看到电力行业效率在提高。所以，我们应该在目前的进步中继续探索规制改革，寻找更好地促进中国电力产业竞争的机制。

4.3 中国电力市场结构规制改革框架

4.3.1 风险管理规制设计——中国电力产业纵向结构规制改革框架

随着中国电力市场结构的纵向分割，电力系统更为复杂。利益驱动下，各环节出力接近其极限值，系统运行条件苛刻而不确定，大量的风险因素引入，要确保整个电力系统安全运行和可持续发展，需要设计基于风险管理的纵向结构规制框架。

1. 电力产业纵向分割引发的规制风险分析

前文已经详细分析过因技术的变革和需求的演进，电力产业不具有自然垄断特征的环节开始变成竞争性环节，电力产业的自然垄断边界大大缩小，市场结构发生了极大的变革。电力产业市场结构未发生纵向分割之前，由于在共同的产业内部进行交易，电力产业内部几乎不存在竞争，整体表现为垄断效率。在市场结构发生变化后，电力产业在整体上就呈现出了既要维护垄断环节垄断效率又要提高非垄断环节的竞争效率的规制风险；同时，随着电力产业统一规划决策、审批开工体制的改革，发电公司也开始不再承担满足负荷需求的责任，这容易导致缺电风险；而政府推动电力市场结构改革的一个重要目标是"降低电价"，但是引入市场机制后，电价规制要反映供需关系、成本和投资回报率，某段时期内也许会出现电价上升的规制风险现象。

（1）电力市场结构纵向分割引发各环节机制协调的规制风险

电力市场的垄断结构首先在电力产业的发电环节被打破。然而目前在竞争性的发电环节与垄断的电网环节的对接过程中，越来越多的电网企业凭借其垄断优势任意延伸垄断范围损害独立厂商、消费者利益和限制用户选择权。其实质就是市场机制与行政垄断机制的协调规制问题，表现为国家电力公司在垄断高压输电、配电环节的同时，对其股权控制的发电企业和独立发电商实行不同的接入政策。因此，如何切实切断电网运营者与生产、分销企业的股权和行政隶属关系，防止关联交易、幕后交易和对独立厂商的排挤风险，是电力产业规制改革的核心问题。

（2）电力市场结构纵向分割引发缺电的规制风险

电力市场结构纵向分割引发缺电的规制风险的原因在于：

①缺电责任主体不明确，引发缺电的规制风险。在集资办电时期，实行各省电力供需自我平衡的体制，省政府和发、输、配电一体的省电力局都承担解决缺电的责任。在实行政企分开、网厂分开、竞价上网后，电网企业既无能力，也无义务对长期电力供需平衡负责。在打破省间壁垒后，如果撤销省网电力市场，改为在大区电网电力市场和国家电网电力市场进行电力供需平衡的新体制，则省政府也不再对本省电力供需平衡负责。究竟由谁负责长期电力供需平衡？如果缺电责任主体不明确，则很有可能重新出现缺电局面。电力市场化运行以后，主要通过价格、供求、竞争机制的优胜劣汰实现资源的优化配置，即利用市场来调节电力供需平衡。但是市场机制具有滞后性的特点，而电厂投资周期又很长，等到市场发出缺电信号，再建电厂已经来不及了，美国加州电力危机证明了这一点。

②利润薄弱和国有投资者的潜在威胁引发缺电的规制风险。

实行竞价上网后，购电协议中对发电设备利用小时、上网电价、投资回报率等都不再承诺，发电公司的利润空间被压缩。再加上电厂的沉没成本巨大，不确定因素很多，国内民营投资者和国外投资者将会感到较大的投资风险。电力投资来源将缩小，主要还得依靠国有投资者，但国有发电企业对投资风险不太敏感，很难发挥市场竞争机制的作用。而且他们一般资产规模较大，技术实力较强，使得其他投资者更加望而却步。

③竞争性的发电市场不利于水电、核电这类投资大、建设周期长、社会效益大的电源建设与发展，也不利于可再生能源（如风能、太阳能）的开发和利用，除非有政策支持，从而导致了缺电的规制风险。

④竞争性的发电市场条件下，发电企业减少自己备用容量引发，缺电规制风险。一定比例的发电备用容量是保持电力系统稳定运行和可靠供电的必要条件。网厂分开后，电网企业不能投资电源。而参与竞争的发电企业为了增加自己的利润，希望自己的备用容量越少越好。国外建立竞争性电力批发市场后，也发生了备用容量逐年减少的现象。

⑤竞争性的发电市场条件下，网络薄弱引发了缺电风险。我国正在建立竞争、开放的区域电力市场，但由于目前电网的输电能力比较薄弱，存在网络约束，如果按最优化潮流运行很容易出现网络阻塞现象，造成一些特定区域缺电。

⑥网厂分开后，电网企业不再投资电源，电源建设少了一个投资来源。

（3）电力市场结构纵向分割引发电价的规制风险

政府为了推动电力市场化改革，把"降低电价"作为电力市场化改革的一个重要目标。然而引入市场机制后，电价要反映供需关系、成本和投资回报率，从而在某段时期内也许会出现电价上升现象的规制风险。除了缺电和市场力的作用导致电价上升以外，电价上升的风险还来源于以下因素影响：

①电力供求关系必须时刻保持平衡，而负荷需求的波动性却很大。由于缺乏科学合理的价格传导规制和电价规制，需求对价格弹性反应不敏感。电力批发市场的竞价过程中，如果供大于求，则市场实时电价下降；如果供求关系紧张，甚至供不应求，则市场实时电价肯定上涨，甚至成倍、成几倍地大幅度上涨。美国加州电力市场就出现此种现象。

②发电公司为了保证利润而相互串通报价或滥用市场控制力也会导致电价上升。

③环保规制要求越来越严，排放收费越来越高，大部分燃煤电厂都将装上脱硫装置。

④差价合约中的合约比例引发电价上升风险。如果合约比例太低，则不利于电力市场的价格稳定，但比例过高又会导致市场的价格信号不能正确地反映供求关系（通常双边购电合同的购电价格对第三者都是保密的），从而影响人们对市场供求的正确判断，使市场失去意义并对吸引投资建设新电源产生不利影响，对今后电力市场的健康发展构成风险。

⑤市场价格上限引发的电价上升风险。过高的电力市场价格上限将对单一购买者造成巨大的风险，也没有多大意义；但太低的电力价格上限也会打击投资者兴建新电厂的积极性，对电力市场今后的健康发展带来不可预计的风险。

⑥老电厂、使用不同能源电厂的成本核算和计价问题引发电价上升风险。目前我国电厂的发电价格差别较大，由于要考虑到投资回收，效率高、容量大的新厂成本普遍高于老厂；因此，如果单纯地按价格竞争，显然不利于电力工业现代化。所以必须采取一些保护性规制措施，造成电价不可避免地上升，引发规制风险。

（4）电力市场结构纵向分割引发市场力的规制风险

随着"厂网分开"，电力公司可以自由决定采购的电量越来越多，高价（高成本）机组与电力公司的关联度越大，就越容易导致纵向市场力，使购电费用增加、效率损失加大，增加了规制风险。除了在有功出力和有功电量上，在辅助服务上同样存在这些问题。在电力系统中，有些辅助服务没有定价，具体承担的程度由调度机构具体的调度指令确定。因此，在义务分配上也存在该问题，分配过多义务给关联度低的机组。

总之，纵向市场力将导致如下的规制风险：

①扭曲发电厂上网的经济顺序，总购电成本增加。总的购电成本增加后，电力公司将这部分成本转嫁给用户，导致社会福利降低的规制风险。

②关联度大的电厂缺乏降低成本的动力。因为只要边际成本跟系统外电厂的总成本具有可比性，就可以稳获市场份额。这也将导致效率损失。这部分效率损失是隐形的、难以量化估计的，对规制风险的影响是长远的。

③妨碍投资的规制风险。新投资者只有在自己的总成本比电力公司所属电厂的边际成本更低的情况下，才能在市场中获得优势。而且，在缺乏规制的情况下，如果电力公司可以轻易通过提高售电价格来回收增加的购电成本，那么，即使投资者建设的发电厂的上网价格低于电力公司所属电厂的边际成本，电力公司仍然有可能优先使用自己的电厂，而不使用其他投资者建设的电厂，效率损失更大。

2. 基于电力产业纵向分离的风险管理规制框架设计

必须明确一点，认真分析电力产业纵向分离潜伏着的风险，并不是为了否定或阻挡电力产业市场结构改革，而恰恰是为了制定风险防范对策，使电力产业的市场结构改革走得更稳，更好地发挥正面效应，减少负面效应，使改革取得更大的成功。基于风险管理机制设计下的政府规制框架主要应该体现纵向结构分离后各环节的协调，其具体措施是：

（1）改革过渡时期的风险管理规制设计

正如前文所述，在电力市场化改革中，由于不确定性增加，原有市场成员面临更大的风险。为此，在改革的过渡阶段，为了较快地推动市场机制的建立，电力的规制机构可能允许引入一些措施保护电力市场成员的原有利益。同时，由于输电与配电环节依然保持垄断，用户可能缺乏自我保护的能力，规制机构也需要设计出既能保护用户利益，又不损害被规制对象利益的有效风险管理机制。电力市场中最常见的过渡措施所要解决的主要问题是搁浅成本与资产剥离风险。

由于搁浅成本的存在，电力市场竞争并不能完全体现效率原则，高效率的新机组可能竞争不过低效的老机组。为了拉平起点，协调市场成员风险，让所有成员站在同一起跑线上，要求监管机构必须解决搁浅成本。当前采用的办法有：实施两部制电价，通过容量电价进行消化；进行资产重组，公平分摊搁浅成本；也可以收取竞争过渡费，或者由政府直接进行补贴，弥补搁浅成本。

在将发电从原来的公用事业剥离时，为了在改革初期为电厂和配电公司提供收入及成本确定性，许多规制机构都引入了授让合同。授让合同一般规定现有或新电厂与配电公司之间的电能交易价格在 5 年或更长时间内固定不变。当合同期满或配电公司购电有富余的时候，规制机构需要建立一种制度，保证配电公司的购电行为具有经济性，以保护其属下的零售用户。

（2）设计纵向分离的风险管理规制

①设计规避风险的竞争性电力批发市场，以协调发、输配环节。

应尽量增大期货交易，减少现货交易。竞争性电力批发市场的不同设计方案，会带来不同的后果和风险。近几年来，普遍存在一种肤浅的认识，认为竞争性电力批发市场就是"现货市场、报价竞争"。其实这种认识是片面的、错误的、有害的。美国加州的改革方案将上网电量都集中在现货市场竞价上网和结算，没有建立有效的期货交易渠道，这是改革方案的一个重大失误，也是导致电力危机的重要原因之一。我国竞争性电力批发市场的设计，必须以"期货交易为主、现货交易为辅"，绝大部分批发电量都应以期货形式完成上网竞价交易。其优点一是使电源投资者减少风险感，提高投资的积极性，从而减少系统缺电风险；二是可以大大减少发电环节市场操纵现象，防止电力批发价格的大幅波动，规避电网购电风险；三是增大了批发交易双方全年交易电量和交易价格的可预见性，有效地减少双方的风险。

②设计激励性电价机制以防范电价风险。

需要政府抓紧电价立法和电价改革工作，制定《电价管理条例》，确定与社会主义市场经济相适应的电价形成机制，改革电价结构和电价体系，改革电价管理制度，使我国电价法规、电价形成机制、电价水平、电价结构、电价管理制度都走上合理的轨道。要建立一次能源价格、上网电价、零售电价的联动机制。美国加州电网企业濒临破产的严重教训也印证了这一点。同时为了防范市场力风险，还要设立竞争性电力批发市场的最高限价制度，并消除省间网络制约，适度降低省间输电价格。

输电环节的电价规制可以在激励规制计划中引入一个基准值，将实际表现值与参考或基准值进行比较，实现不同的风险配置。例如，价格或收入上限能控制垄断者的收益，稳定用户的支出。比例放缩与折扣成本转移，能让用户直接分享企业额外利润或利润不足，使垄断者与用户共同承担风险；用户在收入不足时也受到一定的保护，即只有当差额超过一定的门槛值，用户才承担损失。当然，由于市场供需在不断地变化，上面的规制措施也可能具有风险，所以规制机构一般会为它们设置一个规制期限，就是企业在一定期限内不能改变价格，或改变定价方案。

③供电环节①风险管理的协调措施

随着电力市场结构改革的进行，大用户用电选择权的放开，供电企业将面临更大的风险。一方面，供电企业具有保证安全可靠供电的义务；另一方面，它又得跟其他购电主体在批发市场上进行购电竞争，并承担由此带来的风险。为了避免供电企业入不敷出，规制机构需要保证供电企业成本的回收，也就是向用户转移一部分风险。通常的做法是向用户征收加价，或者引入需求侧响应。

4.3.2 激励相容规制设计——中国电力产业横向结构规制改革框架

激励相容（Incentive compatibility）是指参与者理性实现个体利益最大化的策略，与机制设计者所期望的策略一致，从而使参与者自愿按照机制设计者所期望的策略采取行动。激励相容最初基于委托—代理人模型：委托人设定机制，激励代理人披露真实信息。

1. 激励相容规制设计的意义

在电力产业横向结构规制中采用激励相容的规制方法，具有十分重要的意义。

第一，电力产业中存在严重的信息不对称。因此，若能使规制机制做到激励相容，规制机构无须介入微观的、电力企业具体行为的规制，从而就可以在信息不对称的客观条件下，取得良好的规制效果。

第二，优化，使电力企业利益和国家整体利益具有一致性。

---

① 这里的供电环节指输、配电环节。

参与者在优化个体利益的同时，达到公共利益的最优化。以合理的激励机制优化电力产业各个企业的策略，规避道德风险，防止逆向选择，形成可靠的、全局的电力产业优化方案。

第三，稳定。使各项机制存在均衡点，在均衡点，电力各个企业没有改变策略的动力，保证了电力市场结构平稳，降低市场成员的市场风险和政策风险。

2. 基于电力产业横向分切的激励相容规制框架设计

（1）发电投资环节的激励相容规制设计

为了保证经济发展的正常需求，电力工业需要有一个超前的建设，并留有余地。但是，从2004年开始，由于缺电造成直接经济损失数百亿计。因此，从中央到地方加大了电力投资的力度。有资料表明，我国2005年、2006年、2007年新投产的发电装机容量屡创新高。这预示着电力成为了投资热点，将又出现新一轮电力过剩的可能。同时，由于各种原因，外资撤出中国市场，发电公司效益出现全面滑坡。因此，根据委托代理理论，在电力投资行为中，投资者作为委托人，委托代理人进行管理。在信息不对称的前提下，作为政府，就需要设计出激励相容的规制政策，控制电力投资规模，以实现社会最优的目标。

我们来关注一下阿弗奇－约翰逊模型（A－J模型）。A－J模型是传统理论中主要的投入品选择范式。这个模型考察了当规制者对投入品选择没有外部控制，且允许企业的资本收益率超过资本成本的时候，受规制的企业是如何选择其投入品的。从激励规制理论的角度看，这个模型是成本加成规制的，即规制者对受规制者采用成本加成合同。研究表明[1]，在投资回报率大于资金成本时，企业会产生一种尽可能扩大资本基数的刺激，以便在规定的投资回报率下尽可能获得较多的绝对利润，即：

---

[1] 让－雅克·拉丰，让－梯诺尔. 政府采购与规制中的激励理论 [M]. 石磊，王永钦，译. 上海：上海三联书店，上海人民出版社，2004：27.

在成本加成合同条件下，受规制者有扩大投资的冲动。一个明显的例子是，在电力供应产业中，企业间难以达成共同使用电力资源的一体化协议；它们宁愿通过扩大自身的生产能力，而不愿意购买其他企业的电力资源，以满足用电高峰期的需求。

为了防止投资过度问题，规制者应该运用激励相容规制，拒绝对那些被认为是过度的投资进行补偿。在回报率规制中需要附加条件规制，即规制者应该对已经被利用的（在模型中等于已实现的需求）资本投入支付至少是正常水平的回报，但对于过度投资则拒绝进行补偿。

以上我们从理论上探讨了规制者可以通过控制投资规模，达到社会最优状态，实现激励相容。但是，在现实情况下，社会最优状态是很难达到的。实际情况是，我们是先观察到投资规模，政府再进行审核准入。因此，关键的问题是通过规制设计，降低信息不对称性，选择高效率的企业进入，有效地提高社会效率。

在不对称信息条件下，规制者在设计规制政策时面临着提高激励强度与企业信息租金获取之间的两难选择①。因此，在这种情况下的激励规制机制的设计，需针对企业的成本类型，设计出在其类型给定的情况下对每一参与者都是一项最优选择的说真话机制。一种较常见的方案是提供一个包含两种合同的"菜单"：价格上限合同和成本加成合同，并让企业自己去选择。价格上限合同设计得使低成本类型的企业刚好实现收支平衡。由于企业在完全补偿了成本以后没有收益，因而当高成本企业也选择这一合同时，就会出现亏损，所以不会选择价格上限合同。而低效率或高成本企业将选择成本加成合同，高效率或低成本的企业将不被允许选择成本加成合同。当规制机构致力于

① 让-雅克·拉丰，让-梯诺尔. 电信竞争：中译本 [M]. 北京：人民邮电出版社，2001.

开发这种能够促使企业自主选择的合同菜单时，这种合同菜单要保证低效企业愿意接受并选择成本加成合同的同时，不会留给高效企业太多的信息租金。这种情况在合同理论中被称为完全甄别。当然，完全甄别企业类型是一件成本极高的工作，当甄别信息的成本超出信息租金时，也会导致市场运作无效率。

上述的这种合同菜单规制方式虽然有很多优点，但也存在很多问题。

一方面，价格上限合同存在内在缺陷。从加州电力危机到美国新英格兰电力市场 NEPOOL 的极端案例，事实证明价格上限不能有效地抑制价格波动、规避市场风险。单一价格上限的弊端主要表现在如下方面：①单一价格上限的设定是个两难选择。设定值过高，对受规制者降低成本的激励作用不明显；设定值过低，则打击投资者的信心，将投资者吓跑。②单一价格上限随市场状况、企业经营状况进行调整，某种燃料如（煤炭、天然气）价格上涨，势必抬高整个市场的价格上限，将价格风险扩散到其他燃料电厂。③这一机制可能会对保持低成本、实现利润最大化产生有力的激励，而对固定资本投资、引进先进生产技术和改善服务质量的激励不足，如电厂维修不足引发安全隐患等。谈判成本很高，容易诱发棘轮效应，鞭打快牛。

另一方面，成本加成合同也有本身的局限性。这主要是对于受规制者没有降低成本的激励，无助于提高社会效率。

因此，我们更多地是可以考虑采取信息传递方式，变企业的自主选择合同菜单方式为规制者甄别低效企业，进行有效规制。这种方式主要是由受规制者主动、公开向规制者传递自身信息。比如说低成本信息，主要是通过投资规模判断。因为投资规模是一个反映企业类型的信号，规制者通过这个信号就可以甄别出生产效率低下的企业，从而采取适当的规制政策限制这些企业的生产，提高高产出类型企业的产量，实现资源的最优配置，达到社会最优状态。比如我国目前对中小规模发电厂进行严格规制，禁止低效率、高能耗的小发电厂继续生产，同时鼓励投资者投向规模经济下低成本的发电厂就是这一原理的具体运用。

除了上述的规制政策外，还有其他一些规制政策可供选择来实现对发电环节投资的激励。比如《政府采购与规制中的激励理论》中提出运用"标尺竞争"来降低信息不对称的程度，适用于具有可比性的一些行业。还有《激励理论（第一卷）委托——代理模型》中提到了运用激励可行的审核机制。审核机制是附带成本的，最优审核机制有利于减少信息租金，但不会影响配置效率。

（2）输配环节激励相容规制设计

垂直垄断被打破，"厂网分离"之后，利益出现了分化。输配电网络环节的窘迫显而易见、由来已久，其现状前文已经分析很多，主要表现在输配能力薄弱、安全性差以及投资乏力。其原因在于对发电环节放松规制、关注电力生产的同时，电力输送的需求却被忽视了。但最重要的一个原因是对输配电网络垄断的规制设计不能起到对电网投资的激励效应。资本更愿意流向电厂，而不是电网。电力规制部门对输配电网络企业采取的是保护性规制，即采取成本加成的管理，① 在电网投资运行成本的基础上给予输配电网络企业一个适当的回报率。这种方式在强调建设的过渡时期对于保护电网投资会起到一定的积极作用，但是也有很多弊病：首先，政府规制机构必须掌握充分信息，从而必须支付昂贵成本和需要庞大的官僚机构。其次，政府规制者掌握的信息相对输配电网络企业而言仍不完备。信息

---

① 目前我国还没有建立独立的输配电价形成机制，目前的共用网络输配电价是由电网平均销售电价（不含代收的政府性基金）扣除平均购电价和输配电损耗后确定，以后会逐步向成本加收益管理方式过渡。

不对称，导致政府同输配电网络企业就回报率进行谈判时处于不利地位。再次，固定回报率不能创造--种激励相容机制。由于成本加成按法定比例固定不变，因此输配电网络企业的利润率既有保证又固定不变，这样就缺乏一种促进输配电网络企业降低成本，提高整个社会福利的激励相容机制。

输配电网络企业的激励相容规制问题，是一个典型的委托代理模型。政府是委托人，代理人是输配电网络企业，激励相容规制就是如何使得输配电网络企业能够按照政府的意愿，即追求社会福利最大化的意愿进行，其中最重要的问题就是委托人存在信息约束。习惯上，信息约束有两种：努力的信息约束和能力的信息约束。努力约束是强调了被规制企业不被观测到的内生变量，即企业生产投入的时间和工作强度。由于这种努力程度是内生于企业之中，不能为规制者观测，由此导致了企业的"偷懒行为"的道德风险问题。能力约束是强调了企业具有比规制者更多的相关信息优势。这种信息包括了企业的技术选择、实施生产目标的难度以及外生的需求。企业在与政府签订合同时，有关这些能力约束的信息要比政府多。在事实中，政府不知道是以一个低水平的支付就足够让企业来承接这一项目，还是"支付一个高的价格"。不言而喻，即便产品的成本事实上的确很低廉，企业也不会急于挑明这一点；企业的兴趣在于说服政府支付高成本，因为这使它有利可图。由于这些信息规制者不能完全观测，所以被规制企业会以"讲假话"或事前选择来榨取信息租金，由此导致了"逆向选择"的结果。因此，在内生的信息不对称条件下，决策者需要通过设计激励机制，诱导被规制企业"不偷懒"。而在外生的信息不对称条件下，通过竞争机制促使电网企业"讲真话"则成为激励设计的关键内容。

在目前对电力产业的规制环境条件下，政府在建立合约过程中处于信息劣势，突出表现为：从信息流程看，政府和输配电网络企业是上下层面的关系，政府介于产业之外；从产业性质看，我国输配电网络企业是纵向一体化的，输、配、售链条内部分工导致了信息扩散受到更多的阻碍。传统的定价和补贴的规制设计仅仅局限于公平基础上的目标，忽略了信息问题，仅仅将输配电网络公司作为投入产出的生产函数，这就忽略了对被规制的输配电网络公司效率的激励，因此导致输配电网络公司"说假话"和努力程度的低效率。

①基于努力信息约束的激励相容规制设计

在道德风险条件下，电网企业作为代理人只有一个任务即只追求效益最大化时，委托人激励高努力水平比在完全信息条件下要困难。如何在道德风险下激励代理人付出高努力水平，一般有两种方式：一是降低信息不对称的程度，可以通过比较类似规模和市场环境来确定代理人的成本等私有信息，即采取标尺竞争方式；二是采取激励性规制政策，比如价格上限机制，代理人可以获得它所节省的全部成本，它就有很高的激励去降低成本。

在道德风险条件下，在电网企业作为代理人具有多个目标任务时，即以保证电网安全稳定和公司效益最大化两个任务时，政府不可能对两种互替的任务都实施高努力水平的激励。鱼与熊掌不能兼得，规制者必须在激励与提取租金两种任务的激励之间权衡。对电网企业的激励要求高效能的激励方案，但是，为了保证电网质量的安全稳定，提取租金即提供真实质量信息要求低效能的激励方案即传统的投资回报率方案。

我国的电力改革实践印证了上述结论。我国政府对电力改革的目的就是两个：保证安全稳定和提高效率，采取的相应政策是：输配电价采取低激励的成本加收益管理方法，① 保证电力行业的稳定性和安全性，不会由于其他原因造成电力供应的中断和安全隐患；通过横向分割，引入竞争机制，提高电力行业的效率。上述政策已取得显著效果：我国的输电企业分割成国家电网公司和南方电网有限公司两家企业。政府利用这两家企业披露的信息制定了有效的规制政策，提供了有效的激励，促进了竞争，电力行业的效率有了一定的提高，服务质量与以前相比，有了实质性的进步；但是，引入竞争机制的结果是将削弱输配电网的安全性和稳定性，因为市场竞争必然导致电网企业利润减少，电网企业没有多余资金进行电网的更新改造和安全维护，必然给电网的安全性和稳定性蒙上了阴影。就目前来看，我国政府的态度很明确，电网的安全稳定运行是排在第一位的，所以采取了成本加成合同的规制。并在此基础上适当引进竞争机制，努力提高电力行业的效率，这也是与社会福利的目标相一致的。但是，"风物长宜放眼量"，我们应该认识到成本加成规制方式在目前需要大力发展输配电网的情况下可以刺激企业投资，不过它会在进一步的实践中带来很多负面影响。所以对中国输配电市场的成本加成规制只能是一个阶段性的规制手段，在输配电网投资满足需求后，设计一个高效激励的规制方式才是最终目标。

②基于能力信息约束的激励相容规制设计

德姆塞茨于 1968 年在前人理论的基础上提出在政府规制中引入竞争机制，通过拍卖的形式，让多家企业竞争行业独占权，这就是特许经营权投标制（Franchise bidding）。从理论上来说，特许权招标是一种最优激励机制，成本加成合同只是一种激励强度为零的激励机制，不能产生降低投资成本的激励，可能会

---

① 国家发展改革委关于印发电价改革实施办法的通知 [EB/OL]. http：// www.sdpc.gov.cn/. 2005 - 05 - 14.

导致盲目投资、投资规模过大等弊病。

如果信息是对称的，即输配线路投资成本不是私人信息，政府知道投资企业的成本费用，而不是只有投资企业自己知道，那么政府可以直接给投资企业定价为他的成本，最终达到社会最优的目标。当然，实际情况是信息不对称，输配线路成本投资对于政府来说是不可见的，只有投资企业自己知道成本信息。在这种情况下，政府只有通过激励机制，减少信息不对称的程度，让投资企业说真话，告诉政府它的真实成本信息。如上所述，拍卖机制是一种有效的激励机制。

其实，在垄断性地提供某些报酬递增的服务与在任一时点上提供服务企业的垄断行为之间并没有必然的联系，传统经济学之所以认为报酬递增导致企业的垄断行为是因为其中存在着一个重要的假定，也即是认为垄断的市场结构必然会导致在位企业的垄断行为。然而，垄断行业的在位企业之所以能够采取垄断行为是因为它们感觉不到竞争的压力，所以采取的垄断行为才会损害了资源的配置效率。因此，只要让它们感觉到竞争的威胁，即使市场结构仍然是垄断的，在位企业也依然可以按照竞争性企业的行为行事。为了打破在位厂商设置的竞争障碍，要引入生活中常见的拍卖竞标理论：通过对市场进入的拍卖，让多家企业同时竞争一定时间段内该行业的特许经营垄断权，在投标阶段形成比较充分的竞争。这样，企业之间的竞标不仅将垄断行业的成本和价格信息显示出来，而且使得投标价格趋近于竞争性市场结构下的价格。这就避免了垄断市场结构下输配电网络企业滥用市场势力剥夺消费者剩余。

我们知道，信息不对称是导致规制者必须给予被规制者信息租金的重要原因。拍卖机制可以有效地揭示被规制者的私人信息。拉丰和梯诺尔证明①如果很多家企业的类型独立地服从满足单调风险率的同一连续分布，最优合约将被拍卖给成本参数最低的企业。因此，把拍卖机制运用在输配环节中可以极大降低信息不对称的程度，降低信息租金。特许经营权拍卖类似于第一价格暗标拍卖。根据收益等价定理②，在独立私有价值模型下，即拍卖品价值为私人信息，概率分布函数相同和风险中性。根据有效配置定理，在独立私有价值模型下，基本拍卖机制能最有效地配置资源。因此，如果满足独立私有价值模型的条件，特许经营权拍卖方式可以起到激励效果，同时又能有效地配置资源。

---

① 让-雅克·拉丰，让-梯诺尔. 政府采购与规制中的激励理论 [M]. 石磊，王永钦，译. 上海：上海三联书店，上海人民出版社，2004：269.
② 谭国富. "拍卖理论"——现代经济学与金融学前沿系列讲座讲义 [R]. 加拿大不列颠哥伦比亚大学经济系，2001.

5

中国电力市场结构规制改革的
纵向协调政策

中国电力产业市场结构变迁要求政府规制发生适应性变化。在垂直一体化的结构中，国家采取极端的国有化方式垄断经营，通过内部的管理控制维持电力这一关系国计民生的系统的稳定性。然而，当电力产业逐步采取各环节局部或全部分离的结构时，规制的任务变得更加复杂。系统运行条件苛刻而不确定，大量的风险因素引入，要确保整个电力系统安全运行和可持续发展，政府规制必须承担起过去由传统体制承担的电力工业各个环节的整合协调任务，使电力工业被分开为许多独立的单元之后仍然能够保证系统安全和有序运行。

5.1　电力市场交易协调政策

中国电力产业实行市场结构重组后，在发电、输电、配电和售电各业务领域将存在许多独立的经济利益主体，它们之间的经济行为都要通过电力市场交易实现。因此，为了保证电力产业各环节的协调，客观上要求建立电力市场交易协调政策，以规范各类电力企业的市场交易行为。所以一套适合中国电力产业实际情况的电力交易协调规则是进行电力市场结构规制改革迫切需要的。为此，国家电力监管委员会制定了《电力市场运营基本规制（试行）》，并从2003年8月1日起试行。2004年3月，国家电力监管委员会与国家发改委又共同制定并实施了《电力用户向发电企业直接购电试点暂行办法》。这两个规章成为目前中国电力市场交易协调规制的主要政策依据，形成了两个具有竞争性的电力批发交易市场：一个是由输电企业经营的电力批发网，一个是输电网以外的电力批发市场。

不论何种电力交易批发市场，其市场交易模式的主要形式都包括现货市场交易、双边合同交易、期货交易模式以及这几种模式的混合形式。各种交易模式都有其特点，需要相应的市场交易规制政策，以协调各电力市场主体的交易行为。

5.1.1 现货市场交易

现货或市场交易是由发电企业竞价形成的次日（或未来24小时）的电能交易以及为保证电力供需平衡的即时平衡而组织的实时电能交易。在现货市场上，供电方主要是发电企业，但也可能是预计电力需求低于双边合同规定的电力零售企业和大用户；而需电方主要是电力零售企业和大用户，但也可能是发电量低于双边合同的发电企业。对中国电力产业来说，这还是一种较新的、面临许多实际问题的交易形式，但在一些电力体制改革较早的经济发达国家，已存在多年的时间，有不少经验教训值得我们借鉴。例如，英国在1989年电力产业改革时，为电力协调产业主要业务垂直分离后各市场主体的利益，制定了一套现货市场交易规制，后来被许多国家仿效。这种交易规制的核心内容是建立一个批发电力网或称电力库。[①] 即在现行的电力组织结构下，组建一个电力库，由其将所有发电量集中到一起进行销售；市场交易和调度运行可以由该机构统一管理，也可以另设机构担任市场交易的职能。英国的电力库交易中市场交易和调度机构是合二为一的，而美国加州则采取电力库交易与调度机构分开运行的方式。电力库交易模式的极端情况即强制性电力库交易模式下，发电侧不能与需求侧直接建立交易关系，所有的电力交易必须由电力库来完成。电力库交易模式中电价与电量形成的过程如下：发电侧向电力库提交报价，电力库根据发电侧报价择优购买——即按一定的交易算法对市场进

---

① 刘喜梅. 不同的电力交易模式对电力市场均衡的影响分析 [J]. 华北电力大学学报：社会科学版，2006（3）：43-48.

行结清，从而确定各发电企业的发电量，最后由电力库来综合确定成交电价。这种电力交易模式的特点是实行全电量竞争，即发电侧在自由报价的基础上，其所有发电量必须被强制性地出售给电力库，系统操作员则根据报价排序安排发电计划。可见，电力库交易模式在保证电能质量和系统安全运行的目标下，兼顾了部分市场效率，即在发电侧实现了发电电价（上网电价）的竞争。但是在电力库交易模式下，电量的购买者即电力库，它是各发电企业上网电量的唯一买方，同时也是向需求侧或供电侧出售电量的唯一卖方。电力市场被人为分割为两个市场：一是买方垄断的发电侧市场，一是卖方垄断的售电侧市场。联系两个市场的关键角色即电力库。

从发电侧市场分析，卖方即发电侧可能形成垄断竞争结构或寡头垄断结构。买方则是具备完全买方垄断势力的电力库。从各国的电力市场改革的实践与趋势分析，电力规制较严的国家或者处于电力市场改革初期的国家，发电侧多设计为寡头垄断市场结构，如中国；而电力市场竞争性较强的国家，发电侧的市场结构趋向于垄断竞争结构，如美国。

在电力库交易模式中发电侧垄断竞争结构、电力库完全垄断下的市场结构下，由于电能与普通商品不同，不存在外观、形状上的差异，其差异主要体现在电能质量、价格以及传输时的安全性、可靠性与电压等级等性质方面。所以，发电侧形成垄断竞争结构主要是由于独立发电商数目较多，而非所提供电能的差异性造成的。为了提高发电与输电效率，体现电价的杠杆作用，在系统的调度、信息技术以及交易、结算技术的支持下，电能现货交易体现了电力库交易模式的竞争机制。但是为了规避电力价格风险，以及避免发电侧可能形成的价格联盟，在实际操作中，发电侧与电力库采取远期合约的交易方式也较为常见。不论采取何种交易方式，在该交易模式下，电力库作为上网电能的单一买方，其对交易规则的制定、价格的最终决定等方面的垄断势力远大于发电侧。电力库交易模式下，卖方垄断竞争、买方垄断结构的电力市场均衡，实现结构的帕累托最优、资源的优化配置，其分析见图5.1。

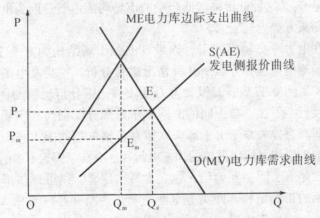

图5.1　电力库交易模式下买方垄断时的电力市场均衡

图 5.1 中，电力库的需求曲线 D，是指在各种可能的电价水平下，基于对负荷的预测所给出的购买电量，可近似认为是电力终端用户的需求曲线 C。该需求曲线与价格成反比，需求弹性较小，也是电力库的边际价值曲线（Marginal value，MV）。电能供给曲线由发电侧各企业的报价曲线水平叠加而成，如果各发电企业均是按照近似的边际成本报价，则电能供给曲线可近似看做其边际成本曲线的水平加总。该曲线即买方垄断者的平均支出曲线（Average expenditure，AE）。

根据经济学理论，卖方垄断市场结构下，如果买方为完全竞争则市场均衡点为 E_c，E_c 时的均衡电价 P_c 与均衡电量 Q_c 由发电侧报价曲线与电力库需求曲线所决定。如果买方处于垄断态势，则市场均衡点为 E_m，均衡数量 Q_m 由电力库的边际价值曲线（即电力库需求曲线）与边际支出曲线交点决定，均衡价

格 P_m 则是发电侧报价曲线（即电能供给曲线）上这一均衡数量对应的价格。

显然，电力库买方垄断下的均衡电价 P_m，低于完全竞争下的均衡电价 P_c，上网均衡电量 Q_m 则低于买方完全竞争下的均衡电量 Q_c。这种低价格、低产量的市场均衡主要是因为电力库的市场买方势力造成的。

在电力库交易模式下，如果发电侧市场结构为寡头垄断，其市场均衡则需要分以下几种情况进行分析。一是发电侧的市场结构虽为寡头垄断，但竞争力度较强，则分析思路与图 5.1 较为接近。不过，寡头间的上网电量份额分配则与其市场势力的强弱有直接关系。由于寡头联盟对价格的控制能力强于垄断竞争的发电侧，所以形成的均衡电价往往会高于图 5.1 中的 P_m。

二是寡头间相互勾结，建立卡特尔联盟，则可近似形成双边垄断的市场结构，即买方垄断与卖方垄断并存（见图 5.2）。但是，电力库作为唯一的买方，则具有很强的垄断势力。为了规避市场电价变动的风险，发电侧往往可以与电力库签订双边的差价交易合约。这一制度设计使电能交易双方有效规避价格风险，是价格形成的重要因素。

根据经济学理论，不难确定 E_c、E_b 与 E_s 分别为完全竞争时的电力市场均衡、电力库买方垄断下的电力市场均衡与发电侧完全垄断时的电力均衡。P_c、P_b 与 P_s 分别为完全竞争时、电力库买方垄断下与发电侧完全垄断时的均衡电价，Q_c、Q_b 与 Q_s 分别为完全竞争时、电力库买方垄断下与发电侧完全垄断时的均衡电量。通过均衡电价与均衡电量的比较，不难发现，存在 $P_s > P_c > P_b$ 与 $Q_s < Q_b < Q_c$ 的关系。在电力库买方垄断、发电侧因为勾结形成的卖方垄断并存的市场结构下，均衡电价往往取决于双方"讨价还价"的力量对比。如果电力库对发电侧的财务约束力和法律制度约束力较强，那么电价就会接近 P_b；

如果发电侧的市场力强大，电力库缺乏对其的制约，那么，均衡电价就会接近 P_s。

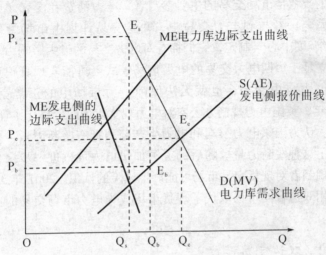

图5.2　电力库交易模式下买方垄断与卖方垄断并存时的电力市场均衡

　　总之，在电力库交易模式下，均衡电价是否高于或低于完全竞争时的均衡电价，取决于发电侧的市场结构，但均衡电量均低于完全竞争时的数量，所以都存在资源配置的失灵。尤其需要注意的是，即使电力库交易模式下形成了较低的均衡电价，也并不代表需求侧获取了较高的经济福利，因为电力库往往作为电力市场上的单一批发商，以较低的价格从发电侧购买电能，又将借其卖方垄断势力以较高的价格向供电侧和需求侧销售电能（如果由输配合一的电网公司承担电力库职能时，则是向需求侧销售电能）。

　　所以，在电力库交易模式下，可能形成电力库与发电侧双边垄断或者电力库单边买方垄断的市场结构，双边对价格的控制权都非常强。在双边垄断的市场结构下，电力库与发电侧对价格的控制权主要取决于其市场势力的强弱对比：如果电力库处于强势垄断地位，则市场均衡价格将会较低；如果发电侧处于强势垄断地位，则市场均衡价格较高。再加上 POOL 模式中，电力生产者是市场交易的主要参与者，电力消费者没有（或者没有完全）参与到电力交易中，并且交易计划由市场管理者（或者调度中心）制定，它们拥有对电力交易的过大影响力。因此，立足于短期电力交易的电力市场模式不可能实现真正意义上的电力自由交易，也就无法保障电力市场中的正常竞争。1991 年，英国电力规制办公室对电力现货市场的价格作了评估、检查。认为国家电力公司和电力生产公司拥有垄断力量，并且滥用了这种垄断力量。随后的美国加州电力危机进一步深化了政府规制者对现货交易市场可能产生风险的认识。2001 年 3 月，英国用双边合同市场取代了现货市场成为电力市场交易的主要形式。

5.1.2 双边交易模式

双边交易模式，是指发电侧与供电侧或者需求侧直接签订电力交易合同，由双方通过协商确定交易电量与交易电价。双边交易模式具备以下特点：①可通过买卖双方自发形成的市场供需力量进行资源的优化配置，避免其他非市场因素的干扰。②为市场主体提供更大的灵活性。电能的质量、数量、价格等都可以由交易双方自由协商确定。③市场主体可通过签订各种双边合同组合降低经营风险，如签订长期电量销售合同或增补价格调整条款等。④更多市场主体参与，增加了开放性与竞争性。由于发电侧与需求侧可直接进行电能交易，有效削减了电力产业组织中的垄断势力，市场竞争更加充分。

此外，还有所谓的自愿型电力库、双边协调性电力库以及英国的新交易制度（New electricity trading arrangement, NETA）。这些交易模式都可以被认为是双边交易和电力库交易同时存在的混合型交易模式。这些混合型交易模式，由于有更多的交易主体与市场协调机构（如金融机构、电力调度或其他市场参与者）参与电力交易，使市场结构更加复杂化，可能会形成不同程度的市场势力，电力市场均衡以及均衡电价形成将更加复杂化。

双边交易模式下，电力用户可以与发电企业直接交易，输电网络向所有的发电企业以及电力用户公平开放。从理论角度出发，发电侧同样可能形成垄断竞争或者寡头垄断的市场结构，但是需求侧的用户数目较多，则可近似视做完全竞争的买方市场结构。

首先，在双边交易模式下，卖方处于垄断竞争结构下的电力市场均衡，从短期与长期角度分别进行经济学分析。

一种情况是发电侧的短期市场均衡。假设发电侧均是按照各自的边际成本曲线进行报价，根据边际成本等于边际收益的利润最大化目标进行发电量与上网电价的决策。基于微观经济学理论，当主观需求曲线与客观需求曲线相交，边际成本等于边际收益两个条件同时满足时，则发电商处于短期均衡状态。具体分析见图 5.3。

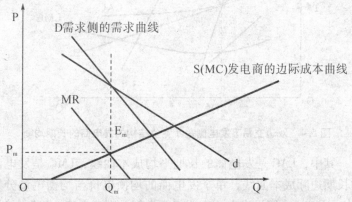

图 5.3 双边交易下发电侧垄断竞争结构的发电商的短期均衡

其中，曲线 D 代表发电商的客观需求曲线，即该发电商降价后市场上其他的发电商也降价，该发电商面临的实际市场需求曲线；曲线 d 代表的是主观需求曲线，即发电商认为自己在降价后其他发电商并未降价的市场需求曲线，MR 是主观需求曲线所对应的边际收益曲线，MC 是发电商的边际成本曲线。

另一种情况是发电侧的长期均衡。在长期经营中，发电侧面临着需求与供给的不断调整，其均衡电价与均衡电量也会不断变动，直到形成长期均衡 E，即当电力价格等于长期平均成本，边际收益等于长期边际成本，主观需求曲线与客观需求曲线相交这两个条件同时满足时的状态。长期均衡下，电力市场上不存在发电商的退出与进入，电价与电量都处于相对稳定的状态，发电侧均达到了长期均衡。具体分析见图5.4。

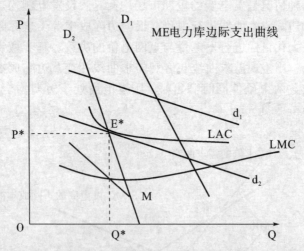

图5.4　双边交易下发电侧垄断竞争结构的发电商的长期均衡

其中，LAC 是发电商的长期平均成本曲线，LMC 是发电商的长期边际成本曲线，单个发电商的均衡电价与均衡电量分别为 P^* 与 Q^*。假设发电侧企业规模类似，则该电价 P^* 即市场均衡电价，市场的均衡电量则是所有发电侧企业的均衡电量之和。均衡电价高于完全竞争时的均衡电价，均衡电量则低于完全竞争时的均衡电量。

双边交易下，如果发电侧为寡头垄断结构，则电力市场均衡较为复杂，甚至难以存在。可以通过作出相应假设，比如采用古诺双寡头模型、卡特尔模型或者伯特兰德模型（折弯的需求曲线模型）分别进行分析。根据经济学理论，可以确定的是，寡头垄断市场结构下，发电侧对市场价格的控制力显然强于垄断竞争市场结构。

由于电力市场实践中多采用混合型交易模式，即电力库与双边交易模式的混合模式，需要综合考虑两种交易模式的份额以及交易电价及其交易行为的相互影响，市场均衡的分析将更具复杂性，而且可能难以给出稳定的均衡价格。

总之，双边交易模式下，由于市场参与者众多，往往会形成发电侧垄断竞争的市场结构。尽管市场均衡价格高于完全竞争理论下的均衡价格，但由于竞争较为充分，发电侧对价格的控制权下降，价格形成会较电力库而言更有利于需求侧。本书没有对双边交易下发电侧的寡头垄断市场结构展开分析，但根据经济学理论，可以判断的是，在这种市场结构下，往往会增加发电侧的价格控制权，所以价格形成将会有利于发电侧。

这些电力合约交易的实践存在两个问题：一是期货合约电量固定（即在整个交割过程中维持负荷、功率不变），只适用于承担基荷，无法反映出负荷随时间变化的特性；二是电力合约交易与现货市场脱离，并不能实现真正意义上的实物电量交割，只是以一种规避电价风险的金融工具方式出现，无法对电力供应的稳定性提供帮助。因此，现有的电力长期合约交易模式在运行的过程中，并没有将商品理论完全引入到电力交易过程中来。过多地考虑了电力系统传统调度的特点，导致现有的电力长期合约交易在稳定电力现货市场和促进电力市场竞争等方面贡献不足①。

对于中国来说，在近期内电力供需矛盾还比较紧张，更应该以双边合同市场交易为主要形式。双边合同一旦签订，供需双方必须严格履行，但由于多种原因，实际供需量和合同供需量往往存在不同程度的差异。为此，供需双方可以通过现货交易市场进行调节，以实现供需平衡。可见，现货交易市场是调节双边合同市场的重要手段，可作为双边合同市场交易的补充形式。双边合同市场交易规制的重点是规范合同内容，要求合同双方在协商的基础上，应明确总电量、分阶段（如季、月、周、日）电量计划、最低与最高电力、交易价格、计量、电能损失承担、结算、违约处罚等款项，以此作为监督合同的执行及其对违反合同处罚的基本依据。

5.1.3 期货交易模式

数年实际运行表明，在电力系统运行中引入市场机制后，电力系统仍然能够维持稳定运行，但是通过市场竞争，降低电价、提高电力系统运行效率的初衷并没有完全实现，同时还出现了部分市场成员的市场控制力过大、电价剧烈波动的问题。国内外的电力市场专家们已经注意到现有市场结构的不足，并开始对电力交易协调方式进行改进。

期货交易模式是解决上述问题的一种协调机制，是指交易双方之间签订的在确定的将来时间按照确定的价格购买或者出售某种资产的协议。与远期合约相比，期货合约在交易所中交易，而且期货合约在交割之前可以在交易所中自由交易。同时，交易所提供（经济）机制保证合约交易的双方不会违约，其中

① 江健健，夏清. 基于期货的新型电力交易模式 [M]. 中国电机工程学报，2003 (4)：31－37.

重要的一个机制就是保证金。电力期货交易在交易双方之间直接进行交易，电力消费者可以直接参与电力交易，实现商品买卖双方的平等市场地位。电力商品的特殊性质（例如负荷平衡、输电容量约束等）通过经济手段的加工，可以保证电能尽可能被当做一种普通商品进行交易。系统调度中心基本上不参与交易过程，因此对交易计划的干预能力大大降低，主要通过经济手段进行系统协调，不再依赖指令性手段。交易的决策主要由市场参与者承担，减少了整个交易过程中系统调度者的决策工作，同时还能增加交易过程的透明性。这样的电力期货交易方式，大部分期货需要以实物的方式进行交割，受到实物交割的压力，市场成员必然会减小其市场投机行为的积极性，取而代之的是计划性很强的生产或者市场行为。所以在该交易模式中，期货合约的作用不只是规避价格风险的金融工具，它更多地承担起了稳定电力供求关系的作用，保证了电力供应的长期稳定进行，有利于减少交易双方的市场风险，避免出现电价的剧烈波动。但由于电力商品的特殊性质，电力期货合约也该不同于其他期货合约。考虑到电力的实时平衡，电力期货的交割时间应该相对确定，通常应该明确到小时。考虑到电力的输送受到输电网络的限制，所以电力期货合约中应该明确功率的注入与输出地点。

期货交易模式对电力系统的协调主要体现在以下几点：

1. 公平协调市场参与者的市场地位

在电力期货交易模式中，发电侧和用电侧的市场参与者具有相同的市场地位。在电力期货市场中，期货合约的组织是通过期货交易所，采用公开竞价或者计算机撮合的方式进行。交易双方都可以根据自己的需要以及生产（消费）效益，申报所需电力期货的价格和数量，价格匹配的交易双方签订期货合约。在这样的交易模式中，电力消费者能够主动根据电价的变化，灵活地调整其各自的电力需求量，从而在负荷侧引入了价格弹性系数，避免了以往电力交易中负荷侧被动接受发电侧电力交易结果的现象，同时也削弱了以往电力交易中发电方对电价的垄断控制地位。因此，电力期货交易模式能公平协调市场参与者的市场地位，电力期货的价格能够更好地反映电力商品的实际价值。

在电力期货交易模式中，市场组织者和系统调度中心的市场控制力也受到一定的限制。在现有 POOL 模型中，电力交易计划的制订过程中需要考虑系统安全，系统安全运行条件由系统调度中心设定。因此，系统调度中心拥有对交易计划的绝对干预权，而电力交易者却缺少主动调整交易计划的手段。在期货交易模式中，在期货交易的大多数时间内，市场组织者和系统调度中心并不参与到期货的交易中，它们对期货交易的影响只是在日前期货与现货配合的市场中决定期货的交割计划。电力期货的买卖双方能够对其各自的期货合约数量进行主动、不受限制的调整（在实际操作中，为了稳定市场，需要限制交易者的最大交易数目）。系统调度中心不会影响期货交易双方进行套期保值的行为。因此，系统调度中心和市场组织者不再拥有对电力交易行为的很强干预能力，也不再具有凌驾于电力交易双方之上的地位。同时，系统调度中心拥有对电力系统运行状态的必要调整手段（通过制定交割计划和组织现货市场），拥有一定的系统运行调控能力，以维持电力系统的安全运行。所以，在保证系统安全运行的前提下，期货交易模式中系统调度中心与交易参与者之间的市场地位比较平衡，能较公平地协调市场参与者的市场地位。

2. 改变指令性计划协调方式

在电力期货交易模式中，由于交易双方能够根据自己满意的价格主动地参与到电力期货交易中，所以市场成员能够根据系统中期货合约的交易量，对未来负荷情况进行比较准确的预测，减少了负荷剧烈波动情况的出现。在电力期货交易模式中，对期货的交割计划进行调整。系统调度中心不会参与期货交割计划的调整。这种调整是交易双方根据电力现货价格的变化采取的主动调整，是一种市场行为。可以发现，在电力期货交易模式中，交易计划的调整更多地是一种市场行为。而系统调度中心只是以市场组织者或者市场信息披露者的身份参与到计划调整中，避免了以往电力交易中以指令性计划进行调整的现象出现。

3. 完善的风险规避手段

首先，相对于商品价格的高低，消费者更多关心的是其稳定程度。在以期货为主的新电力交易模式中，电力期货价格与电力现货价格能够实现统一，市场参与者可以通过电力期货进行套期保值，避免了现有电力交易中电价剧烈波动对交易双方的影响。以电力期货作为主要的交易方式，电力生产者能够确定稳定的生产计划，而电力消费者能够保证稳定的电力供应。稳定的供求关系可以减弱市场参与者进行市场投机的动力，有利于稳定电力现货市场中的价格，从而在新的电力交易模式下实现电价的稳定。同时，在电价稳定的情况下，电力生产方也能够进行有效的系统规划，保证电力系统的稳定发展。

其次，由于在期货市场中，参与者可以自由地进行期货合约的买卖，对其期货头寸进行灵活的调整，在保证稳定供求关系的同时，交易双方都能够对生产、消费计划进行灵活的调整，可以在外部环境发生变化时更好地适应市场。

由于新的交易模式中，电力期货是主要的交易方式，因此，系统调度中心能够根据市场中期货的交易量和期货价格，对未来的负荷分布和电价进行准确的预测。在此基础上，能够进行有效的电力系统远期规划，保证电力系统的稳定运行和电力的稳定供应，避免由于电力系统规划方案缺陷导致的系统供求关系不相适应。

4. 引进电力市场外部参与者

市场参与者的增加是实现电力市场交易的一个前提条件。只有在一个参与者众多的市场中，商品才能够实现自由的竞争交易。电力市场中参与者的增加，有利于分配市场风险，尽量减少市场成员的交易风险；有利于吸引各种资金，促进电力系统的发展。

现有的电力交易中，只有电力供应方和部分消费者参与到电力交易中。在期货电力交易模式中，还可以引入其他的市场成员，如金融参与者（包括市场投机者和套利者）。虽然此类参与者没有电力生产和消费的能力，但是它们只要在电力期货交割之前通过平仓的方式实现期货合约平衡，就不会对电力的交割计划产生影响。在金融业参与到电力交易之后，可以为电力系统引入大量资金，促进电力交易多元化的发展，并最终能够促进电力系统的稳定发展。

5.2 电力市场价格协调政策

由于我国多年来的电力短缺迫使政府推出诸如合同电量形式、还本付息电价、经营期电价以及其他对不同类电厂的价格差异化政策，出现了由于历史原因，成本构成和债务结构不同的"新"、"老"电厂，导致同台不公平竞争的现象，并使我国现有上网电价普遍存在"一厂一价"现象。如何既发挥价格的调节作用，使企业在一定的利益激励下，努力降低成本，提高效率，逐步过渡到竞价上网，实现资源的优化配置，又保持政府不失信用，协调好市场价格与政府承诺价格的关系，协调好由于电价不同所引发的"竞价上网"的矛盾，是电力市场结构规制改革必须要解决的问题。

总之，在我国电力市场结构改革的过渡时期，必须尽快妥善协调好合同电量历史遗留问题、"一厂一价"电价统一问题、"新""老"电厂公平竞争问题等现实难题。

5.2.1 合同电量中的电网与发电企业历史遗留问题的协调政策

合同电量历史遗留问题主要是指电网企业与集资发电企业之间按还本付息原则签署电价及最低购电量的合同。由于前些年我国电力装机严重不足，为鼓励投资者建设电厂，出台了一系列包括保证机组年利用小时数和上网电价的优惠政策。1986年以后建设的电厂大多与各省电力局签订了购电合同。这种合同一般有效期限较长，地方政府承诺了回报率，价格主管部门批准了还贷期或经营期的上网电价。在实行厂网分开、竞价上网后：一方面电网企业不愿也无法接受高于平均上网电价，甚至高于电网企业销售电价的电力；另一方面，发电企业存在还贷压力，会造成一些造价高的机组投资不能完全回收，不能实现预期的回报，不执行合同电价，有可能产生生存危机。因此，在开展竞价上网时遇到的一个最大问题就是如何协调好原有的购售电合同问题。

在上网电价形成机制改革初始过渡期，对历史上政府对投资者作出的承诺，要给予妥善的处理。为解决这个问题，可以从以下几方面入手：

（1）由于厂网分开的改革，使电网企业与发电企业之间的经济关系发生了根本性变化。对这些过去政府已经承诺上网电量和上网电价的合同，可以经过谈判，由政府一次性买断合同、修改合同或采用差价合约方式直接控制合同双方的风险，实现平稳过渡。差价合约方式，是在该合约下所约定的某时段合约电价高于或低于相应时段的市场价时，双方相互支付该时段的差价。其目的是既要考虑原有的还本付息政策的延续，又要引入竞争机制，推动电力市场的发展。其核心是双轨制竞价体系，即基本电量部分按国家批准的合同电价结算，竞争电量部分按竞价电价结算。这种方式也可在一定程度上有利于老电厂电价的过渡。

（2）严格清理和规范各类电厂的还贷年限，已还贷款额、利率、经营成本和赢利水平等。对于已经没有还贷压力的电厂，应立即执行平均上网电价或市场电价。

（3）对于有还贷压力的电厂，应分不同情况，如还贷年限、贷款额、利率等，分别确定合理的调价期限和调价速度。同时，在调价过程中，对因电价调低产生的损失可通过适当增加最低发电小时、采用差价合约方式等方法给予部分补偿。

5.2.2 "一厂一价"中的电网与发电企业电价统一问题的协调政策

目前"厂网分开，竞价上网"的电价改革使"一厂一价"的定价政策失去了存在的基础。新的电价机制对旧的定价政策的冲击，开始使上网过程出现了许多新问题：有的电网企业擅自降低国家批准的上网电价；有的不执行国家批准的上网基数电量政策，变相降低上网电价；有的甚至采用不合理的计划、合同等形式，把本应执行国家定价的电量变为超发电量或其他电量，等等。这些问题的出现有长期积累形成的原因，也有上网电价改革滞后、体制改革的原因。对于"一厂一价"电价统一问题的改革，可以分三步实施：

第一步，以机组容量为主、时间为辅归集发电厂商类型，并在规定期限内逐步使同类发电企业的上网电价趋于该类电厂的社会平均成本，平均成本由国家统一核定。也就是说，这一阶段要让某种发电企业（如火电厂、水电厂等）中相同容量的新老机组的上网电价统一。

第二步，以电网负荷为主、机组容量为辅，重新归集发电厂商类型，在一定期限内，对同质同时电量，无论机组容量是否一样，实行统一价格，但对火电、水电、核电、蓄能电厂等还是要区别对待。这一阶段的实施难点在于小容量机组的发电成本高于大容量机组的发电成本，实施统一电价对机组容量小的发电企业不公平。但如果实施统一电价，大容量机组的获利较多，有利于大容量机组的快速发展，使社会平均成本降低。相反，如果小容量机组的获利变弱，那些没有特殊存在价值的小容量机组将会逐步退出市场或被大容量机组取代。有特殊存在价值的小容量机组（如调频、调峰、蓄能等）将主要在电网负荷较重的时段运行，只要合理拉开上网峰谷电价的差价，就可维护其合理利益。

第三步，以电网负荷为主，不再给发电企业分类，在一定时期内，逐步实现同质同时的电量，无论机组容量和发电方式是否一样，统一上网电价。电价水平由电网企业与发电企业以协议或竞价方式确定，政府只规定上网电价的上限和下限，从而实现上网电价的市场化。这一阶段的主要难点在于不同的发电方式发电成本不同，而且实施过程中会涉及环保、自然资源、国家投资、政府政策导向等多方面的问题。上网电价市场化后，有利于低成本发电方式迅速发展，最终降低发电企业的社会平均成本。但为了使各种发电方式在比较平等的基础上竞争，政府可以通过对那些污染环境、消耗资源多的低成本发电方式适当增加税收，对于符合国家政策导向的高成本发电企业适当给予发电补贴或政府给予扶持性投资等方式解决。

5.2.3 新老电厂公平竞争问题的协调政策

在上网电价市场化改革中，总存在一部分仍有还贷任务的"新厂"和另一部分已完成还贷任务或根本没有还贷任务的"老厂"。在同一电能交易市场中，为保证市场效率，只能强调新、老电厂之间在效率面前一律平等，而不能有任何歧视或优惠，这就出现了一个公平性问题。在交易市场平等竞争之后，老厂必定平等地拿到一笔容量收益，因为只要它被调用，就存在容量价值，然而它们却没有还贷任务；而新厂在获得大体相同的容量收益的同时却有沉重的还贷任务，这虽平等但不公平。

为了公平，在竞价上网初期，有必要在交易市场平等竞争之后，政府通过"制度设计"，引导老厂从交易市场中得到的容量收益合理支援新厂还本付息。所谓"引导"，就是通过"制度设计"引入现代企业和金融制度，在投资市场与交易市场之间开通现代金融或财务渠道，引导老厂的容量收益去支援新厂还本付息。其中要区分交易市场内的平等竞争和交易市场外的财务处理是两个不同的层面，在交易市场内必须强调新、老机组的平等竞争，而在交易市场外可以采用不同的金融财税办法个别调控。

具体调控办法和解决这一问题的可能途径，主要包括税收、基金、融资和重组等。它们本质上都是在市场环境下用现代金融财税手段引导"老厂"用其容量收益支援"新厂"还贷。

就税收办法而言，可以对老厂征收较高的容量收益税，用这项收入，政府为"新厂"提供融资信贷，通过国库进行大循环。

就基金办法而言，可从老厂容量收益中提成，建立新的电力建设基金，供新厂融资，实现在电力行业内部循环。

就融资办法来说，可以通过出台政策或制定法规，老厂为新厂直接提供融资，完成企业间小循环。因为融资不同于投资，可用已投产的项目资产作抵押，因而风险较小，所以利率很低，周期较长。

就重组办法来讲，可实行"新""老"电厂兼并重组，完成企业内部消化。具体又可分为两方面：一是新老搭配，将新电厂与老电厂通过资产重组和改制，组建新的独立发电厂商；二是按机组出力特性组合，将机组出力特性不同的电厂，如水电厂和火电厂、调峰电厂和负荷电厂，通过资产重组和改制，组建新的独立发电厂商。重组的目的是使现有竞争基础不公平的发电厂商，通过组合形成竞争基础相对公平的新的独立发电厂商；从而直接进入竞争相对完全的发电市场，上网电价由市场确定。

由于通过重组为新的独立发电厂商建立公平竞争的基础难度较大，因此在老电厂和新电厂竞价上网前的一段时期，还可以先通过价格调整慢慢过渡到竞价上网、公平竞争。

电价调整的主要原因是老电厂电价偏低、新电厂电价偏高，所以要调高老电价，调低新电价。调整可以分两步实施：第一步，在规定时期内，按一定上调速度使各类老电厂电价达到同类电厂的社会平均成本，调整期限应该在电价涨幅可接受的条件下尽可能短。同时，为了防止销售电价上涨过快，建议采用老电厂的提价与新电厂的降价同步进行等措施适当控制；第二步，在第一步的基础上逐步实现老电价的市场化。在调价过程中，对老电厂因电价上调而产生的利润，建议分两部分处理：一部分企业自留，用于设备维护、技术改造和发展投资。自留比例参考电厂年限而定，年限越长比例越大。另一部分上交政府。相对而言，政府应该获得利润的绝大部分，因为只有这样才能有效改变目前老电价不合理的局面。这部分钱可用于国家重要电力项目投资、电网改造或部分用于补偿新电厂的降价损失等。

　　作为政府规制者，对价格规制应该遵循这样的一个重要原则①：在实现比较充分竞争的业务领域内不应该进行价格规制。这个就涉及价格规制的范围问题。在电力产业实行垂直分离的条件下，政府进行价格规制的范围是具有或存在事实上的垄断性业务，因而对输电、配电和零售供应小顾客实行价格规制显然是必要的。但是对于一些竞争性业务，如电力生产和供应大型用户是否实行价格规制或规制的程度如何，这在很大程度上取决于为实现放松规制和市场结构重组这些政策而创造的条件。

5.3　电力市场联网协调政策

　　电力产业的一个显著技术经济特征是具有网络性，如高压输电网和配电网。事实上，垄断性产业的自然垄断性，主要体现在这些产业的网络性上。正因为如此，我们把电力产业的网络性业务称为自然垄断性业务，而其他业务则是竞争性业务。电力产业的另一个重要技术经济特征是具有多环节（多业务）的垂直供应链结构，在整个垂直供应链中，网络性业务是最基本的不可逾越的环节。这样，对电力产业实行市场结构重组，由一家或极少数企业经营网络性业务，多家企业经营竞争性业务后，必然产生网络性业务和其他竞争性业务如何协调的问题。同时，由于网络性业务由一家或极少数企业垄断经营，其他竞争性企业又必须通过网络性业务才能将产品或服务提供给最终消费者，这就产生了这些经营网络性业务的垄断企业对竞争性

---

　　① 王俊豪. 中国垄断性产业结构重组分类规制与协调政策 [M]. 北京：科学文献出版社，2005：209.

业务经营企业采取垄断行为（如制定垄断接入价格等）的潜在可能性。因此，政府制定与实施网络协调政策的基本目标是，制止经营网络性业务的垄断企业的垄断行为和不正当竞争行为，使网络性业务领域成为整个垄断性产业畅通无阻的公共通道，以提高垄断性产业的运行效率。接入规制和联网规制和网络使用费用的规制是网络协调政策的重要内容。

5.3.1 确保网络的开放使用和平等接入

从表面看，网络经营者能够通过出租或允许其他经营者接入获得收入，因而出租或接入越多越好。但在网络性产业的其他环节引入竞争机制以后，网络出租或接入的同时又会打破自己的垄断优势，使竞争对手在竞争性环节与自己展开竞争。这时必须实行平等的、强制性的网络开放政策。为了在网络设施的经营者占据垄断地位的市场上引入竞争机制，许多国家都对居于市场支配地位的企业出于促进竞争之目的，拒绝竞争对手接入网络或者使用网络设施的行为作了禁止性规定。例如，德国《反对限制竞争法》第十九条第四款规定："占市场支配地位的企业作为一种商品或若干服务的供应者或者需求者，如果拒绝向对方支付适当报酬的企业开放其网络或基础设施，而对方出于法律或者事实的原因，不进入网络或者基础设施就不能在上游或者下游的市场上与该企业相竞争，这种行为就是滥用市场支配地位。除非该企业能够证明，出于经营条件的限制或者其他原因，进入网络或者使用基础设施是不可能或者是不合理的要求。"此外，美国法院 1912 年也有判例，把无理拒绝入网认定是滥用市场支配地位的行为，又将其称为"基础设施原则"。适用这个原则的前提条件有：第一，一个企业垄断了网络或者基础设施；第二，竞争者不可能重复建设这样的设施；第三，垄断者拒绝竞争者接入该设施；第四，事实上存在着竞争者使用基础设施的可行性。基础设施不仅仅是指网络，但网络无疑是最重要的基础设施。美国法院 1982 年就是根据这个原则，认定 AT&T 违反了谢尔曼法第二条。

中国的电力产业在打破垂直一体化的市场结构后，电网企业可能借助于其输电和配电的垄断地位以及发电、输电、配电和供电等垂直环节对协调性的要求，偏向与自己曾经直属的配电企业而歧视非直属配电企业，偏向自己曾经直属的发电企业而排挤独立发电企业。前文已经探讨很多，这些情况表明，要切实切断电网运营者与发电企业的资产纽带关系，电网运营者不能与发电企业存在任何股权和行政隶属关系。所以，必须通过规制才能防止关联交易、幕后交易，使所有非网络所有者按政府规定的费率水平和技术标准使用网络。加强电网环节的公平接入规制应当注意以下几个环节：

第一，严格规范交易合同签订的程序和效力，规定买卖双方平等的权利和义务，电网企业不得以任何理由对不同的发电企业进行歧视。合同一旦签订就要保证其严肃性，在技术条件允许的情况下，必须以合同为基础进行电力调度。

第二，严格规范电力交易和实时电力调度的过程，防止在实时电力调度过程中出现对某一发电企业的照顾和倾斜行为。一旦出现影响较大的调度不公正现象，立即进行处罚并在电力运行安全约束条件解除的情况下，逐步实现交易机构和系统运行者与电网企业的分离。

第三，严格规范交易结算的程序、时效和刚性，并对相关业务进行必要的干预与协调，防止电网企业凭借市场势力对发电企业的利益造成侵占。

5.3.2 网络互联的规制

当某一个垄断性产业存在两个或两个以上网络性业务经营

企业时，只有通过联网才能相互接入，这就产生了联网问题。从理论上分析，如果各网络所有者之间的竞争是一种完全竞争，企业为了使尽可能多的消费者能通过本企业的网络而获得服务，从而扩大企业的市场覆盖面，会出于互利而自动产生实行联网的愿望。但是，当网络市场上的竞争是一种不完全竞争，即某个网络经营企业具有市场垄断地位的情况下，企业之间就不能自动实行联网。因为新建立的网络规模通常较小，原有的居于垄断地位的网络所有者在与规模较小的网络连接中收益也较小，其对网络互联互通的需求没有规模较小的网络所有者那么迫切。有时居于垄断地位的优势企业还会为了保持其市场垄断地位，只希望通过自身的网络向本企业的顾客提供服务，依靠其先行建立的网络和庞大的用户基础想方设法拖延甚至拒绝互联来排挤竞争对手。所以纯粹依靠双方之间的谈判实现互联互通的可能性不大。此外，即使排除了这一问题，网络互联互通还会遇到体制和技术障碍，如各大区域内电网的统一调度和电网互联的商业化运营之间的矛盾，如确定和计算电网互联的效益，如错峰效益、调峰效益、互为备用效益以及检修协调、事故支援等，如联网效益在联网各成员之间的分配等。因此，只有借助于政府的规制才能实现互联互通。从政策上保证有关网络经营企业有同等权利，以合理的联网价格使用对方的网络。

5.3.3 网络使用费的规制

在竞争性市场中，市场机制会自动地形成合理成本并使资费向成本靠拢。但是，自然垄断产业中的网络运营处于垄断的市场结构中，市场机制在确定合理的资费水平方面无能为力，必须借助于政府规制来决定网络使用费。费率水平既要防止网络运营者攫取垄断租金，又要保证网络的运营者在弥补其资本成本和运营成本的基础上获得适当利润，以鼓励网络的充分使用和网络运营者的继续投资。

电力产业实行市场结构重组后，在电力产业已形成国家电网公司和中国南方电网有限责任公司这两家分区域的电网经营企业；而在发电业务领域，存在中国华能等 5 家集团公司和多家独立发电企业，在各省、市、自治区内存在多家配电与售电企业。因此电力产业在市场结构重组后，必须强化其网络使用费的协调政策，以保证各不同业务、不同企业间的协调发展。网络使用费问题也涉及激励性规制的设计问题，所以具体的网络使用费规制会在本书下章作更明确的阐述。

6

中国电力市场结构规制改革的横向规制

电力产业按发、输、配、售环节纵向分离，分离后的各个环节为了促进竞争，又进行了横向分切。政府的规制方法和手段在新的市场结构条件下，如何促进竞争，进行激励，是本章着重解决的问题。

6.1 实行进入规制

实行市场进入规制是世界各国电力规制机构的普遍做法。在发电环节竞争的情况下，若完全放松进入规制，会造成许多竞争者进入电力生产领域，导致生产能力过剩、社会资源严重浪费。为了维持电力生产领域的有效竞争，保证生产效率，必须实行进入规制。在市场经济的条件下，我国的这种进入规制不应该再沿用传统的项目审批的方式进行，而是通过总量和结构控制的方式进行。所谓总量控制和结构控制，是建立在科学规划的基础上，以年度发布电源建设的总量和电源结构布局以及区域分布信息的方式，引导投资者通过竞争取得建设资格，再由有关部门进行核准的一种办法。目前这种进入规制的权力归发改委。通过总量和结构控制的方式，至少解决了两方面的问题：一是可以有效地防止过度进入，二是能够保持合理的电源结构。电力市场进入规制需要国家电力规制机构和区域电力规制机构的合作。

总量和结构规制涉及国家的总体规划，由中央电力规制机构执行，但是由于总量来自区域，并且电力供应具有很强的区域性特征，所以区域电力规制机构要科学预测需求总量和区域电源结构的布局，对区域总量与结构需求信息发布后的市场准入竞争进行评估，上报中央电力规制机构进行核准。

我国在电力行业的进入规制上采取业务许可制和注册制。业务许可和注册是两个步骤，业务许可是就能否从事电力业务而言，注册是就能否进入电力市场进行竞价交易而言，两者都是规范电力企业市场准入的制度。我国的电力市场进入规制可采取许可证管理，政府从社会发展、环保和可持续发展，以及电力技术、安全等方面设定一些资格条件，让符合条件的主体从事电力业务，不符合条件的主体不得从事电力业务，从而确保电力市场主体的合法性。考虑到未来输配分开的情况，业务许可证可分环节发放。对于目前输配不分的企业，可申请多个许可证，这样既照顾了现实状况，又适应了输配分开及在售电环节引入竞争的改革方向。企业退出电力市场采取强制退出和自愿退出相结合的原则，许可证持有者不再从事电力业务，即自愿退出，可以到规制机构办理注销手续；许可证持有者违反规制法律法规，由规制机构注销许可证，就是强制退出。由于从事电力业务的有些企业并不参与市场竞价（如调峰调频电厂和核电站等特殊企业），企业进入电力交易市场可实行注册制度，经注册认可的电力业务经营企业才可参与竞争。

6.2　不对称扶持规制

对于发电企业而言，在引进竞争后，虽有新的发电企业进入，但至少在引入竞争后最初的一段时间内，在位发电企业仍将占据几乎全部的市场。特别是那些电网下属的发电企业，凭借电网的垄断地位，在与独立发电企业竞争中占据绝对的优势地位。在位的电力企业凭借其在产业的先入优势享受着产品定位优势、成本优势、信息优势和策略优势，同时还可以凭借这种先发优势采用价格或非价格手段实施策略性行为，排挤新进入企业。

考虑某个新进入者，能够弥补其成本所需要实现的最低产量为 X_{min}。假设其成本函数为 $C(x) = cx + f$，其中，c 为边际成本，f 为固定成本。如果新进入者预期的进入后价格是 p，那么要做到盈亏平衡，新进入者要求的最低产量为 $X_{min} = f/(p-c)$。也就是说新进入者在其产量大于 X_{min} 时才能取得正的利润。任何可使 p 降低、c 或 f 提高的因素都会增加新进入者的进入难度。所以在位厂商通常会采取以下办法来阻止新厂商的进入。第一，降低新进入者进入后对价格 p 的预期值。第二，限制新进入者的潜在市场需求量，即有效地移动新进入者的需求曲线的位置，以减少其任何给定价格的需求量，以达到阻止进入的目的。第三，采取提高新进入者边际成本或固定成本的策略，迫使新进入企业为实现盈亏平衡而必须在更大的规模上经营。

所以，新进入者仅仅依靠自身的努力很难改变"不对称竞争"局面。针对这种情况，政府在反垄断中必须对新进入企业给予适当的扶持政策，即在税收、信贷、审批条件、市场准入等方面对新进入者实行比原来企业更优惠、更宽松的政策待遇。这种不对称的扶持政策有助于弥补新进入者与原有垄断企业在不对称竞争中的劣势，帮助新企业顺利地成长。

政府还需对一些特殊企业，甚至是一些大企业实行不对称规制。水电、风电、核电、再生能源发电、洁净煤发电企业在发电环节一般不具有竞争力；而这些能源有较大的外部性，或者是国家能源政策的需要。如英国电力产业结构重组中将所有核电厂重组为一个公司，并且规定核电厂不参与市场竞争，即市场报价为零。我国虽然核电厂较少，但以三峡、二滩为代表的大型水电站较多，规制机构必须对这些电厂参与市场竞争采用不对称规制原则。比如，对径流式水电站在丰水期规定执行零报价。

　　为了建立发电环节的有效竞争机制，进行政府干预——运用不对称扶持政策是十分必要的。需要指出的是，运用不对称扶持政策的目的是建立有效竞争的市场格局，而不应成为确保进入者获利的政策手段。20世纪80年代以来，我国为了缓解电力严重短缺的格局，逐步放松了发电市场的进入规制，并在1985年以后陆续出台了一系列鼓励多家办电的政策。由于当时的电价并没有放开，因而采用"一厂一价"的方法，即以发电项目的实际成本为依据再加上正常利润构成上网电价，这实际上确保了投资发电项目有利可赚。这种无选择性的进入扶持规制对于促进我国发电装机容量持续快速增长起到了积极的作用，同时也造成了一度的市场混乱局面。地方政府在利益的驱动下，纷纷投资建设低效、高煤耗、高污染的小发电机组。同时，让自己投资或贷款担保的电厂优先上网，将高价电强加给用户，却不肯使用外省的低价电。这样一来，造成了省内外的过度竞争和不公平竞争。因此，在确定某一行业的不对称扶持规制政策时，应首先分析该行业进入壁垒形成的主要原因，然后再有针对性地选择合理的不对称扶持政策。

　　前文已经分析过，我国的发电环节，在放松进入规制以后，其进入壁垒偏高，主要表现在较大的沉没成本壁垒和最小规模经济的要求。另外，还要求市场信息对称。这是因为发电厂的建设周期较长（大型火力发电厂的建设周期一般为3年），当市场信息不完全时，特别是缺乏长期需求增长的准确预测时，庞大的初始费用、运行费用和沉没费用将使发电厂的投资面临很大风险。

　　所以我们认为，为实现我国发电环节竞争性的市场结构可以采取以下扶持手段：①针对沉没成本壁垒的作用，可以通过建立发电安装容量市场加以解决。发电安装容量市场的建立保证了那些没有被现货市场选中的发电机组仍能获得一定安装容量费用的补偿，因而减弱了沉没成本壁垒的作用。同时，该市场又可以保证电力市场中有足够的备用发电容量，从而增加了电力市场运行的稳定性，可以有效地避免电力危机之类的事故发生。②针对发电厂最小规模经济要求，只对达到一定经济规模的新进入者给予扶持。③针对市场信息不完全问题造成的进入风险，可以通过建立电力期货市场来加以改善。期货市场不仅可以使市场参与者能够规避价格风险，它还有一个更重要的功能，那就是发现价格。由于期货交易是在非常严格的规章制度下进行的相对"公平、公开、公正"的交易，这种交易形成的价格代表了一种未来的趋势，对经营者和投资者有较强的指导性。因此，利用电力期货市场所形成的价格作为电力投资的决策依据，可以大大降低电力投资的风险性。在此基础上，政府还应该承担起电网的发展规划的指导作用，以进一步完善市场信息。例如定期公布电网发展规划，包括负荷增长预测、新发电厂选址规划、新发电厂容量规划以及电源种类规划等。

总之，通过有选择地进入扶持政策可以显著地降低发电市场的进入壁垒，实现发电市场的有效竞争。在这些不对称扶持规制中，既包括通常所说的财税政策手段，也包括一些技术扶持手段。也就是说，不能期望只通过建立一个电能交易的现货市场就能实现电力市场的有效竞争，而必须建立一套完善的市场运行体系，尽可能地通过不对称扶持规制减少进入壁垒，限制在位厂商的市场力量。其中，建立发电安装容量市场和电力期货市场是必要的。

6.3 市场力规制

正如本书前面已经分析过的，由于投资主体过于单一，我国电力市场目前为止一直没有形成有效的价格竞争机制，电力价格竞争相当有限，几大国有电力集团都避开价格竞争转向发电量竞争。它们利用电力市场价格弹性小的特点影响电价，获取超额利润。田红云（2005）也证明了目前我国发电企业具有很强的合谋动机，无论在需求的淡季还是旺季都没有理由背离合谋价格。所以，专家认为我国的发电市场有市场力的存在，政府规制机构应实施对市场力的规制，控制大型集团企业的规模，支持其他独立发电企业的壮大，以在发电领域形成更具竞争力的市场结构。

因此政府对发电市场的市场力规制任务是：判断发电厂商是否行使市场力损害其他市场成员的利益和市场的有效竞争。如果发现发电厂商滥用市场力，则采取必要的措施对其进行惩罚，保证市场在公平、高效的环境下稳定运行。判断发电厂商是否利用市场力危害了市场的方法是：分析发电厂商的市场行为是否使价格背离完全竞争条件下的价格。

6.3.1 应规制的市场力行为

发电商行使市场力主要有两大类：一类是持留；另一类是利用电网传输约束人为制造输电阻塞，形成市场孤岛，从而获得垄断的超额利润。其中，持留的方法又分为经济持留和物理持留：经济持留是指故意报高价从而不参与市场交易或造成价格升高；物理持留是指故意不向市场提供发电容量，造成市场短缺，价格升高。第二类市场力行为是电力市场特有的。由于电网传输容量极限的存在，发电商可以故意增加发电量，造成关键传输线路达到极限，使电网分为几个"功率孤岛"，其他发电商再也不能向该区域提供电力，于是形成"市场孤岛"。发电商可以完全垄断该区域的电力交易，从而获得非法利润。总之，监管部门应该重点规制的市场力行为包括以下几方面：

1. 物理持留

物理持留的具体表现形式包括：①谎称设备处于检修状态；②发电商发现某个交易品种具有经济效益时，故意不实施该种交易；③在实时运行过程中，不按照申报容量发电。例如，纽约电力系统操作员（NYISO）认为如下行为构成了物理持留：①单台发电机保留了10%或100兆瓦容量中的较小者；②发电厂保留了5%或200兆瓦容量中的较小者；③实际运行时，发电功率小于计划发电功率的90%。

2. 经济持留

纽约电力系统操作员认为如下行为构成经济保守措施：①在未发生阻塞的地区或发生阻塞的地区的不阻塞的时段，发电厂的报价比过去一段时期的平均价格增长了300%或每兆瓦时增长100美元。在上述两个条件中，只要一个满足即可认为实施了经济保守措施。此外，还规定了各种辅助服务费用的上涨幅度的门槛值。②在发生阻塞的区域的阻塞时段，根据历史上的阻塞情况确定闭值。一般而言此值比上面规定的未阻塞区域的要高一些。

3. 人为制造阻塞

为了达到制造阻塞的目的，发电厂商往往在不经济的情况下增加电力，因此，如果发电商的不经济发电超出一定的限额，即可认为其在人为制造阻塞。例如，纽约电力系统操作员认为：在实时调度期间，如果发电厂商的实际出力超过调度指令的

110%，即认为发电商在故意制造网络阻塞。

4. 严重扰乱市场价格

无论发电厂商采用什么样的投机方法，都将对市场价格产生影响，因此，通过检测价格的变化便可以了解发电厂商是否行使了市场力。例如，当发电厂商的行为导致市场价格上涨到正常时的 2 倍时，可以认为该发电厂商严重扰乱了市场价格。

6.3.2 判断市场力的指标

我们可以通过价格指标和容量指标来判断市场力，要实现有效和公平的规制必须依据量化的指标。

1. 价格指标

价格是衡量发电厂商是否行使市场力以及市场力的危害程度的最直接有效的指标，所以各国广泛采用电价作为电力市场中的规制指标。行使市场力的主要后果往往是价格的不合理上升，因此，设定价格上限是电价规制的重要方法。其中，价格上限指标又分为事前规制方式和事后规制方式。事前规制方式主要体现在限制市场成员的最高报价，超过某一限值的报价将不被接受。事后规制方式是通过统计一定周期内的市场成员的平均价格，如果超过某一限制，将受到相应的惩罚。事前规制是一种主动的规制方式，可以防患于未然，更加有效地避免市场力滥用造成的恶果，有利于市场的稳定运行。

对于发电市场来讲，利用电价指标对发电厂商市场力进行规制的方法可以是限制发电厂商的报价。例如，在美国的部分电力市场中，发电厂商在任何时段的报价不能超过以前一个月或一年的平均报价的 2 ~ 3 倍；如果超过这个限额将被认为有行使市场力的行为，其报价将不被接受。

市场成员滥用市场力的另外一个后果是造成价格的剧烈波动，威胁整个市场的正常运行。此外，由于电力工业在国民经济中处于基础地位以及电力需求弹性较小，电价的剧烈波动将给许多工业企业带来很大的风险。因此，通过限制价格波动来实现市场规制是十分必要的。价格上限指标可以防止价格的绝对失控，不至于发展到令市场崩溃的程度；价格波动指标可以防止价格的剧烈波动，保持市场的平稳运行。应该将两种指标结合使用，在市场的实时交易中采用价格上限指标，实行事前规制；在此基础上，按照一定的周期统计价格的波动情况，实行事后规制。事前规制与事后规制的有效结合可以保证市场的稳定高效运行。

2. 容量指标

发电商行使市场力的重要手段是持留部分发电容量，造成市场发电资源短缺，电价上涨，从而获得非法利润。因此，通过市场容量的充足程度便可以得知是否存在发电厂商持留容量。此外，对于单一发电厂商持留容量时，其实际发电量与申报容量之差便可以用来检测发电商是否行使了市场力。因此，容量规制指标包括市场供给充足率指标和申报充足率指标：前者可以用来衡量整个发电市场的市场力情况，后者可以用来衡量单一发电厂商是否行使了市场力。设立容量规制指标的主要目的是促使市场成员按照申报容量足额提供电力。

6.3.3 抑制市场力的主要方法

电力市场规制除了要对市场成员使用市场力的情况进行有效的监督外，更重要的是从市场规则的角度抑制市场成员的市场力，从根本上减少市场力的危害，是一种治本的方法。对于发电侧市场来讲，可以从以下几方面抑制发电厂商市场力。

1. 限制发电厂商的市场份额

市场份额的大小直接决定了发电厂商市场力的大小，因此，限制发电厂商的市场份额可以有效地降低发电厂商的市场力。

此外，每个发电厂商的市场份额越小，参与市场竞争的发电厂商的数量就越多，市场的集中程度越低，竞争也就越激烈。发电厂商的市场份额（按装机容量计）低于20%是缺乏市场力的标志。我国厂网分开后发电侧重组了五大发电集团，其装机总容量占市场容量的45%，各发电集团的市场份额相当，被控制在20%左右，这正是为市场建立后的有效竞争考虑的。

2. 提高市场的开放程度

新的发电厂商进入市场是对现存市场力的最大威胁，更多的市场参与者意味着每个市场成员份额的降低和竞争的加剧。因此，应该提高市场的开放程度，使更多的经济实体参与竞争，这样可以降低市场的集中程度，调整供求关系，经验证明这种方法是防止垄断定价的有效方法。

3. 完善交易规则

发电侧市场的阶段竞价采用统一市场出清价虽然可能形成部分发电商的默契报价，但相比于按发电商各自报价结算更有利于促进发电商按真实的边际成本报价，并且其结算系统简单，适合于市场化发展的初期。

为了限制市场力，在选择基本的交易制度后，可针对不同的市场力情况进行交易规则的完善。如浙江的电力市场规则规定：当出现网络约束需要价格较高的序外机组运行时，竞价市场的成交价格根据发电商不考虑约束时的报价排序决定，因此，可以避免输电限制地区的发电商在网络约束时行使市场力。交易规则中还规定市场成交价格的上限或对发电商的投标给出限额，都是防止滥用市场力的有效措施。

4. 需求侧引入竞争

在发电侧市场中，需求侧弹性很小，也就是说无论发电商的报价多高，用户都必须接受。因此，需求侧弹性的大小直接影响发电商市场力的行使。根据微观经济学的观点，在需求弹性较大的市场中，供给方不太可能长期行使市场力，因此，在需求侧引入竞争，让用户可以根据市场价格来决定是否购买电力，这样价格就是供需双方共同作用的结果。如果发电商的报价太高将会减少购买者的数量，其利润也会降低，最终使市场力大大降低。

5. 差价合同

发电侧电力市场阶段，为保持市场稳定，降低市场风险，发电厂商的大部分电量通过与交易中心签订合同来保证，小部分电量（20%左右）通过竞价的方式来获得。差价合同是指签订合同的一方要按合同的约定把当前市场电价与合同电价的差额付给签订合同的另一方。因此，当发电厂商拥有差价合同时，其合同部分的电量收入就与市场电价无关，也就消除了其操纵电价的动机。

6.4 激励性规制

6.4.1 激励性规制的框架

已有的国际经验表明，激励性规制方式是一种对电力产业有效的规制方式。实施激励性规制可以为电力公司自身降低价格和成本提供经济上的激励。与传统的投资回报率（ROR）规制机制相比，激励性规制（PBR）弱化了对电力公司规制的费用和其成本间的联系。允许价格或收益与其他外部指标相联系，如零售价格指数，其他可比的受规制者的成本等，能促进形成非价格业绩，因此 PBR 可以减少价格调整次数，但同时也增加了规制滞后。在一个长达数年（通常为 4、5 年）的规制周期内，规制机构是根据规制模型来计算和审核每年电力公司应得到的收入或应发生的成本。在一个规制周期结束后，规制机构会对成本和投资进行修订，由此建立一个用于下一个规制周期的收入和成本控制模型。

虽然 PBR 模式并不能保证完全避免 ROR 模式存在的问题，但它提供了一个规制框架，在这个框架下有可能在相当程度上避免这些问题。从理论上讲，可以构造出一些更复杂的规制模式，以彻底解决这些问题。PBR 可以用于激励受规制的公司达到很多目标，如提高服务质量，鼓励一定量的投资。在激励目标下，当受规制的公司的业绩超过设定标准时，将获得更多的回报；反之，若低于标准，其收益将低于期望的回报。PBR 模式在世界上许多国家的电力公司得到应用，下面介绍 PBR 规制的具体框架：

（1）设定一个电力公司收入需求的底线值或称初始值。规制者制定的这个收入需求初始值要在随后的几年间加以调整。规制机构制定这个初始值的时候，要对电力公司的每一项成本费用进行仔细分析与核定。为此，要求选定一个可比较的电力公司作为基准（样板）。

（2）设定一组调节系数。调节系数用于调节这轮规制周期结束前电力公司收入或成本费用的变化情况。制定这些调节系数要考虑到宏观经济指数的变化以及用户（可能导致公司有效成本改变）数量等因素。

（3）设计控制机制来达到特定的目标。规制机构要设计控制机制来确保电力公司经营达到特定的目标。这些目标包括：①能源、产业及社会政策；②供电质量、供电安全性、普遍服务、环境法规、技术进步等等。

6.4.2 激励性规制的应用

激励性规制可看作传统的规制与完全竞争之间的一座桥梁。

一个合理的激励性规制方式要求在电力公司的短期激励作用、经济和全社会效益以及可操作性三者之间协调平衡。

1. 激励性规制模式的分析

（1）按比例增减的激励性规制

按比例增减的激励性规制方式，其基本的思想是：在电力公司和用户间分配风险和收入。实施这种规制机制，能够在我国现行的收益率规制下调整价格，而允许的回报率在新的价格下等于：

$$S = R_t + h \ (R^* - R_t)$$

其中：h 取值在 0 和 1 之间；R_t 为 t 年按照以前的价格方案所制定的收费制度下实现的回报率；R^* 为目标回报率。

如果 h 等于 1，将通过调整价格使公司的回报率等于 R^*。如果频繁地调整价格，那么电力公司既不能从高效率运营中获益，也不会由于低效率运营而受到损失。相反，如果 h 为 0，则所有的收益产生于公司的高效率运营，而未预料到的成本增加也只会影响公司本身。当 h 等于 0.5 时，预期的受益和成本将在公司和它的用户之间均分。

在这个按比例增减的规制机制下，可以通过调整收费使电力公司的回报率处于（或接近于）一个特定的 ROR 值。当回报率远高于特定的 ROR 值时，那么将要降低价格。如果回报率远低于特定的 ROR 值，价格将提高。因此，这种按比例增减的机制是一种在电力公司和用户之间进行收益—损失分配的机制。如果回报率在特定的 ROR 值的某一区间内变化，价格是不变化的，此时电力公司将自己承担赢利或损失。

根据美国等国家的经验，有效的分享机制能使电力公司分享的成本节约额随着实现的成本节约额的增加而增加。例如，电力公司可以分享最初节约1%成本的20%，下一个1%成本节约的40%，依此类推。由于每一次成本节约的增加都会花费电力公司更多的努力去实现，因此电力公司的分享额应随着成本节约额的增加而增加。

(2) 收入限额的激励性规制

在这种收入限额的激励性规制机制下，规制机构对电力公司法定允许收入的确定以若干年为一个周期（在美国等国家通常是4、5年）。其中第一年的允许收入确定以后，随后几年的允许收入将按照一些特定的经济指标和参数进行调整，如物价指数、劳动生产率的变化等等。在这期间允许电力公司实现其自身利润最大化。当这个规制周期结束后，将为下一个规制期产生一个新的价格方案，以及新的收入限额公式。通用的收入限额公式表示如下：

$$TR_t = \{[TR_{t-1} + (CGA \times \Delta Customers)](1 + i - X)\} \pm Z$$

其中：TR_t 是第 t 年核定的收入；CGA 是用户增长调整因子（\$/用户）；$\Delta Customers$ 是全年用户数量的变化；i 为年价格变化调整系数（通胀系数，如英国是零售价格指数 RPI，美国是消费价格指数 CPI）；X 是生产率的影响系数；Z 是未曾预见事件的调整系数。

在上述公式中，年与年之间收入调整的目标是模拟电力公司成本如何随着系统特征的变化（如用户数目或投入费用）而合理地变化。在考虑通胀影响因素时，可以使用 CPI 或 RPI，也可以使用其他的价格影响参数（如特殊行业的价格指数）。不同类型的用户应用不同的增长调节（CGA）因子。例如，对于接入中等电压等级电网的用户和接入低压等级电网的用户，其收入的调节因子是不同的。考虑生产率调节因子是为了确保用户能够得到所预计的电力公司生产率提高而增加的收益。此公式中还考虑了对未知事件的调整因子（Z），例如，税的增加、环境法规的变化、自然灾害等不可预测的因素。X 值是用于对通胀率 i 的修正而引入的。引入 X 值对通胀率进行修改，能够更

加合理地反映该行业的收益增长水平或成本增长水平。X 值的
确定是收入限额规制中的一个难点，同时也是规制机构与受规
制的公司间谈判的焦点。X 值的确定应能综合反映出公司实际
应实现的生产效率增长率（或成本下降率），它应该是公司通过
努力不仅可以达到而且能够超越的指标；只有这样才能激励公
司努力降低成本、提高效益。

收入限额规制模式虽然简单，但没有控制最终的价格，公
司具有完全的定价灵活性，这对规制机构来说并不是非常明智
的。美国一些原来采用收入限额规制的电力公司，后来很多改
用最高限价规制模式。

尽管收入限额规制会对受规制的公司提供最小化成本的激
励，但收入限额规制会对公司的定价产生不利的激励。公司有
可能提高价格，通过缩小生产规模来降低成本以获得更多的单
位利润。假定公司面临的收益曲线如图 6.1 所示。在价格较低
的情况下，公司的收入随着价格的增长而增长；当价格较高时，
因为需求弹性的影响，收入会随着价格的进一步升高而下降。

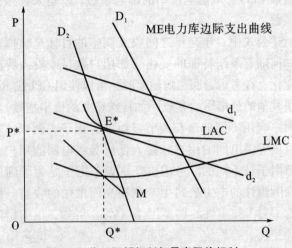

图 6.1　收入限额规制与最高限价规制

假设在实施上限规制前公司运营于 A 点，那么如果实施收入限额规制，则公司从自身的利益出发会选择提高价格而不是降低价格来满足收入限额，即公司的运营会从 A 点移至 C 点而非 D 点。此外，采用收入限额规制时的价格可能比实施价格上限规制更高。

（3）最高限价的激励性规制

在最高限价规制方式下，制定电力公司服务价格的限额只能基于历史的和样本公司的成本基础，而不能基于它自己成本的基础。允许价格限额值随后几年在第一年基础上按照特定的经济指标和参数调整。通用的价格限额公式是：

$$P_{j,t} = [P_{j,t-1} \times (1+i-X)] \pm Z$$

其中：$P_{j,t}$ 为在 t 年对第 j 类用户采用的价格（限额值）或收取的费用；i 是要考虑价格每年的变化因素（通货膨胀率）；X 是生产率影响因素；Z 是未知事件的调整因子。

在最高限价规制下，规制机构通常设定一个价格，即所谓的最高价格 $P_{j,t-1}$。受规制公司的价格不得高于这个价格，可以保留在他自己的定价下所获得的所有利润。在有多个产品的情况下，规制机构可以为这些相关的产品设置一个综合最高限价。这通常用加权平均价格的形式给出，将各种产品所创造的收益设为加权系数。每种产品的价格可与这个最高限价有偏差，但加权平均价格要符合最高综合限价的要求。这样，各种产品的价格与平均价格的偏差可能很大，也可能很小，其偏差程度要满足规制的其他要求，如对单个产品价格增长超过最高综合限价增长的幅度加以限定。在一定的时段后，设定的最高价格将按公布的且不受公司控制的调节因子 Z 进行调节。在较长的调整间隔期后，规制机构将对这个最高限价进行审查并在必要时作一些修改。

在价格上限规制下，规定了一定时段内允许的最高价格，而且价格的调节因子不受公司控制，这就刺激企业只有通过降低成本才能取得更多的利润。因此，这为受规制的公司提供了提高生产效率的激励。

X 与前文的收入限额的激励性规制中的 X 值是一样的，都是用于对通胀率 i 的修正而引入的。

英国的电力工业就采用了价格上限规制模式，它用 RPI 作为年通胀率指标。阿根廷和澳大利亚的电力工业也采用了这种方法。美国有些电力公司也采用了这种方法，不过与英国不同，在美国通常采用 CPI 作为年通胀率指标。

由公式还可以看出，未来的价格上限是通过给定历史价格的一个增长率来确定的，因此，这个历史价格即基本电价的选取也是十分重要的。经过一段时间以后，为了防止公司获得超额利润，需要对该基本电价及 X 值进行调整，而这又依赖于公司的成本等具体信息。因此，同传统的投资回报率规制模式一样，也存在信息不对称问题。而且在价格上限规制中，企业会集中于降低成本，往往会忽视质量的提高，签订合同时会产生"棘轮效应"，规制机构被企业"规制俘获"的可能性也增加了。

（4）标杆竞争的激励性规制

雪理佛（1985）提出了以提供类似产品的本地垄断厂商的价格为标准的标杆竞争的方法。单个公司的被规制成本依赖于同类公司的平均成本。规制机构利用在不同市场提供服务的运营商的信息进行比较，从而实现有效规制。标杆竞争方法比价格上限规制更有效，因为它降低了公司和规制者之间在成本方面的不对称信息的要求。

在垄断经营情况下，影响电力规制效率的主要因素是信息不对称。面对两个成本结构相同但在不同市场运营的区域垄断电力企业，规制机构可以利用两个企业之间比较所产生的信息，设计有效的规制合同，实现有效规制。每个企业的利润水平与被比较企业的成本有关，而与自己的成本无关，那么企业就没有动机隐瞒成本，会努力降低成本，提高利润，从而实现了资源的有效配置。我国电网资产经过重组，成立了国家电网公司和南方电网公司，就是利用了标杆竞争的原理。但是规制者只有在确保能获得在有效率的经营状况下有关成本水平和服务的信息，才能保证设计最佳的激励规制框架。同时由于标杆竞争要求对在基本相同或相近的环境下经营的企业之间进行比较，所以在具体实践中往往会受到局限。

（5）特许投标制度的激励性规制

特许投标竞争理论是借助竞争的间接规制理论。它强调在政府规制中引入竞争机制，通过拍卖的形式，让多家企业竞争电力产业各个环节中的特许经营权，在一定的质量要求下由提供最低报价的那家企业取得特许经营权。因此，可以把特许经营权看做愿意以最低价格提供相同质量产品或服务的企业的一种变相的补偿。如果在投标阶段有比较充分的竞争，那么获得特许经营权的企业只能得到正常利润，不可能长期内持续获取高额垄断利润。所以说特许投标制度可以避免回报率规制的低效率，不会产生过度投资的激励。从原则上来说，特许投标制度带来了一个有效率的市场结构、最小化的成本、社会最优的定价。

但是特许投标制度最终是否产生社会合意的效果，取决于竞标阶段是否有充分的竞争——价格竞争和质量竞争、特许经营权中标者如何经营、重新竞标阶段竞争是否有效的因素影响。这三个因素的反向影响，往往成为特许投标制度缺陷的根源。

2. 适应我国的最高限价规制

发达国家的激励性价格规制的实践是我国电力产业输配电环节价格规制的导向。价格上限规制方式尽管在西方国家的电力产业的实践中得到广泛应用，并且取得了比较好的效果，但是我们不能照搬，必须按照中国的国情进行调整，其中最重要的就是调整 X 值。我国的规制者在制定 X 值时，不能采取发达国家的规制者与被规制的输配电企业商量决定的办法。因为在我国，在传统的审批制度下，为核定优惠电价，企业"跑部钱进"，政府部门的行政权力得到极大的发挥，电价的形成机制不合理。在这种扭曲的体制下，X 确定的科学性和合理性就值得怀疑。所以，X 值应主要从各种客观因素考虑电力生产经营企业与先进生产效率的差距、电力产业的技术进步率、管理效率。首先，要参照先期改革国家，如英国的 X 值，再结合中国的实际情况，按照各影响因素的重要程度对其赋予一定的权数，根据相关资料预测一个调整周期内各因素的提高率，然后进行加权平均，即可得 X 的值。其次，我国电力产品的价格除了受到企业生产成本和垄断因素的制约之外，还受到政策性因素的影响。所以设计激励性价格规制模型应该考虑到上述因素。另外，我国输配电企业的规模小，竞争能力差，电网规模远远不能满足社会发展需要，需要鼓励企业进行正常的扩大再生产，保证必要的长期投资的连续性，所以价格调整周期不能太长也不能太短。发达国家的 4~5 年的周期太长，根据我国实际，笔者认为 2 年一个周期比较合适。

参考文献

　　[1] 泰勒尔. 产业组织理论 [M]. 北京：中国人民大学出版社，1998.

　　[2] 施蒂格勒. 产业组织与政府监管 [M]. 上海：上海三联书店，上海人民出版社，1996.

　　[3] 植草益. 微观规制经济学 [M]. 朱绍文，胡欣欣，译. 北京：中国发展出版社，1992.

　　[4] 热若尔·罗兰. 转型与经济学 [M]. 北京：北京大学出版社，2002.

　　[5] 丹尼尔·F. 史普博. 监管与市场 [M]. 上海：人民出版社，1999.

　　[6] 萨利·亨特. 电力竞争 [M]. 北京：中国经济出版，2004.

　　[7] 叶泽. 电力竞争 [M]. 北京：中国电力出版社，2004.

　　[8] 让－雅克·拉丰，让－梯诺尔. 电信竞争：中译本 [M]. 北京：人民邮电出版社，2001.

　　[9] 让－雅克·拉丰，让－梯诺尔. 政府采购与规制中的

激励理论［M］. 石磊，王永钦，译. 上海：上海三联书店，上海人民出版社，2004.

［10］Drew Fudenberg, Jean Tirole. 博弈论［M］. 北京：中国人民大学出版社，1996.

［11］杨治. 产业经济学导论［M］. 北京：中国人民大学出版社，1985.

［12］刘志彪. 产业经济学［M］. 南京：南京大学出版社，1996.

［13］王俊豪. 现代产业经济学［M］. 北京：经济科学出版社，2004.

［14］王俊豪. 市场结构与有效竞争［M］. 北京：人民出版社，1995.

［15］王俊豪. 政府监管经济学导论［M］. 北京：商务印书馆，2001.

［16］王俊豪. 中国政府监管体制改革研究［M］. 北京：经济科学出版社，1999.

［17］肖兴志. 自然垄断产业规制改革模式研究［M］. 大连：东北财经大学出版社，2003.

［18］张昕竹. 网络产业：规制与竞争理论［M］. 北京：社会科学文献出版社，2000.

［19］张昕竹. 中国规制与竞争：理论和政策［M］. 北京：社会科学文献出版社，2000.

［20］余晖. 政府与企业：从宏观管理到微观监管［M］. 福州：福建人民出版社，1997.

［21］谢地. 政府监管经济学［M］. 北京：高等教育出版社，2003.

［22］宋守信. 电力市场机制［M］. 北京：中国电力出版社，2002.

[23] 朱成章，杨名舟，黄元生. 电力工业管制与市场监管 [M]. 北京：中国电力出版社，2003.

[24] 刘世锦，冯飞. 中国电力改革与可持续发展 [M]. 北京：中国电力出版社，2003.

[25] 国家电力调度通信中心. 美国电力市场与调度运行 [M]. 北京：中国电力出版社，2002.

[26] 郑适. 中国产业发展检测与分析报告 [M]. 北京：中国经济出版社，2007.

[27] 马建堂. 结构与行为——中国产业组织研究 [M]. 北京：中国人民大学出版社，1993.

[28] 王俊豪. 中国垄断性产业结构重组分类规制与协调政策 [M]. 北京：科学文献出版社，2005.

[29] 毛林根. 结构、行为、效果——中国工业产业组织研究 [M]. 上海：上海人民出版社，1996.

[30] 周定山. 西方国家电力体制改革实践及经验教训 [M]. 北京：中国水利水电出版社，2005.

[31] 刘振秋. 市场结构与价格规制研究——兼论电力市场结构与电价改革 [J]. 价格理论与实践，1999（12）：30 - 33.

[32] 马斌. 世界电力行业政府规制变革及启示 [J]. 中国工业经济，1999（4）：38、39.

[33] 林济铿，倪以信，吴复立. 电力市场中的市场力评述 [J]. 电网技术，2002，26（11）：70、71.

[34] 井志忠. 自然垄断行业市场化改革后市场操纵力与竞争效率研究 [J]. 经济纵横，2005，11（9）：18 - 20.

[35] 夏清，黎灿兵，江健健，康重庆，沈瑜. 国外电力市场的监管方法、指标与手段 [J]. 电网技术，2003，27（3）：1 - 4.

[36] 阙光辉. 中国电力市场结构的战略选择 [J]. 电力技

参考文献

术经济，2004（2）：31-34.

[37] 方勇，李渝曾. 电力市场中激励性可中断负荷合同的建模与实施研究 [J]. 电网技术，2004，28（17）：41-46.

[38] 彭海真，任荣明. 论监督背景下的不对称信息规制机制 [J]. 经济评论，2003，24（5）：36-39.

[39] 屠三益，李昭阳. 国际电力市场结构浅说 [J]. 供用电，1999（12）：53-55.

[40] 王先甲，殷红. 一种激励相容的电力市场双边拍卖机制 [J]. 电力系统自动化，2004，28（18）：7-18.

[41] 樊铁钢，张勇传. 电力市场中的风险管理 [J]. 中国电力，2000，33（11）：47-49.

[42] 汤海涵，林海峰，周浩. 电力市场风险分析 [J]. 中国电力企业管理. 2002（7）：16-17.

[43] 石涛. 自然垄断产业规制改革过程中的风险 [J]. 研究经济问题，2008（2）：37-39.

[44] 赖业宁，薛禹胜，王海风. 电力市场稳定性及其风险管理 [J]. 电力系统自动化，2003，12（27）：18-24.

[45] 孙燕萍，卢国良，张粒子. 电力市场中的定量决策方法 [J]. 中国电力，2003，36（12）：53-56.

[46] 刘敏，吴复立. 电力市场环境下发电公司风险管理框架 [J]. 电力系统自动化，2004，28（13）：1-5.

[47] 宋永华，刘广，谢开，等. 电力企业的运营模式（一）——垄断型模式 [J]. 中国电力，1997，30（9）：61-64.

[48] 宋永华，刘广，谢开，等. 电力企业的运营模式（二）——买电型和批发竞争型模式 [J]. 中国电力，1997，30（10）：56-60.

[49] 宋永华，刘广，谢开，等. 电力企业的运营模式

（三）——零售竞争型模式 [J]. 中国电力，1997，30（11）：59-62.

[50] 任颖. 电力市场基本理论及竞价交易模式综述 [J]. 河南电力，2006（2）：14-17.

[51] 吴一平. 道德风险、激励机制与电力行业规制 [J]. 商业研究. 2006（3）：127-129.

[52] 李继英，王保刚. 浅谈《电力法》实施中存在的问题及修改建议 [J]. 发现，2007（增刊）：281-283.

[53] 阙光辉. 日本电力市场化改革最新进展及启示 [J]. 电力技术经济，2007（3）：45-47.

[54] 胡济洲，奚江惠等. 英、美新一轮电力改革制度及借鉴 [J]. 经济纵横，2005（10）：51-54.

[55] 李文斐. 基于 SCP 框架分析的我国电力产业规制研究 [J]. 中南财经大学研究生学报，2007（2）：98-102.

[56] 唐庆博，刘小东，周渝慧. 我国电力市场结构初探 [J]. 华东经济管理，2003（4）：24-26.

[57] 赵小丽，李春杰. 电力市场结构与有效竞争 [J]. 产业经济研究，2003（3）：14-18，53.

[58] 刘阳平，叶元熙. 电力产业的自然垄断特性分析 [J]. 哈尔滨工程大学学报，1999（10）：94-99.

[59] 张国宝. 调整电力结构促进电力工业健康发展 [J]. 中国电力企业管理，2005（9）：4-6.

[60] 张洪伟，沈菊. 我国电力工业的发展前景与展望 [J]. 电力环境与保护，2006（6）：59-62.

[61] 常春华. 中国发电行业的最优市场规模 [J]. 湖北电力，2003（8）：26-28、40.

[62] 电监会研究室课题组. "十六"大以来，电力工业发展回顾（摘要）[J]. 电业政策研究，2007（11）：32-48.

[63] 刘秋华, 韩愈. 电力市场运营模式与市场结构研究 [J]. 商业研究, 2006 (13): 122-124.

[64] 刘喜梅. 不同的电力交易模式对电力市场均衡的影响分析 [J]. 华北电力大学学报: 社会科学版, 2006 (3): 43-48.

[65] 江健健, 夏清. 基于期货的新型电力交易模式 [J]. 中国电机工程学报, 2003 (4): 31-37.

[66] 辛洁晴, 言茂松. 电力相关市场及其集中度指标评定 [J]. 电力系统自动化, 2002 (26): 7-12.

[67] 门建辉. 自然垄断行业放松规制的理论分析 [J]. 南京社会科学, 1999 (3): 34-39.

[68] 尹泽. 试用规模经济理论浅析我国大企业理论 [J]. 北方经济, 2007 (12).

[69] 汤萌, 沐明. 电力市场化改革与电力产业的可持续发展 [J]. 中国软科学, 2003 (12): 22-26.

[70] 宋永华等. 英国将推出电力市场新模式 [J]. 电网技术, 1999 (8).

[71] 王跃生. 不同改革方式下的改革成本与收益的再讨论 [J]. 经济研究, 1997 (3).

[72] 马建堂. 市场结构与企业行为—现代产业组织理论研究评述. 南京社会科学 [J], 1992 (3): 36-41.

[73] 冯飞. 中国能源市场化改革的重大问题 [J]. 国际石油经济, 2004 (1).

[74] 叶泽方. 建立我国电价规制制度 [J]. 中国工业经济, 1999 (7).

[75] 杨学津, 刘明. 基础产业市场绩评价与衡量 [J]. 首都经济贸易大学学报, 2000 (4).

[76] 唐要家. 中国工业产业绩效影响因素的实证分析

[J]. 中国经济问题，2004（4）：28-36.

[77] 干春晖，吴一平. 规制分权化、组织合谋与制度效率——基于中国电力行业的实证研究 [J]. 2006（4）：23-28.

[78] 楼旭明，窦彩兰，汪贵浦，等. 基于 DEA 的中国电力改革绩效相对有效性评价 [J]. 当代财经，2006（4）：90-93.

[79] 贺晓柏，陈允平. 基于电力不足概率的市场力评估 [J]. 电网技术，2004，28（9）：67-70.

[80] 张宇波，罗先觉，邹晓松，薛钧义. 发电市场势力研究与交易方式对发电市场势力影响的分析 [J]. 中国电机工程学报，2004，24（4）：18-23、180.

[81] 刘志彪. 产业的市场势力理论及其评估方法 [J]. 当代财经，2002（11）：43-47.

[82] 宋依群，侯志俭，文福拴等. 电力市场三种寡头竞争模型的市场力分析比较 [J]. 电网技术，2003，27（8）：10-15.

[83] 赵建国，韩学山，程时杰. 电力市场中考虑发电机组功率速度约束的市场力分析 [J]. 电网技术，2003，27（11）：43-47，74.

[84] 陈晓明，余贻鑫，许琳. 计及输电约束和需求方投标的线性供应函数均衡点的求解算法 [J]. 中国电机工程学报，2004，24（8）：17-23.

[85] 赵义术，余贻鑫，刘怀东. 使用 LSFE 分析计及输电系统约束的市场势力 [J]. 电力系统自动化，2003，27（13）：30-35，49.

[86] 威廉姆·L. 马赛. 市场化与管制——加州危机之后的美国电力改革 [J]. 中国电力企业管理，2002（3）：23-25.

[87] 文福拴，David A. K. 加州电力市场失败的教训

[J]. 电力系统自动化，2001，25 (5).

[88] 曾次玲，张步涵. 电力市场中的市场势力问题初探[J]. 电力建设，2002，23 (5)：62 - 66.

[89] 毛继兵. 电力市场中市场操纵力的成因及对策 [J]. 电力技术经济，2002 (3)：10 - 13.

[90] 李天然，王琦，应亮. 电力市场中的市场力监管[J]. 南京师范大学学报（工程技术版），2003，3 (4)：48 - 50.

[91] 水利部农村水电及电气化发展局供稿. 国外电力体制改革情况摘编 1 [J]. 中国农村水利水电，2000 (2)：61 - 62.

[92] 水利部农村水电及电气化发展局供稿. 国外电力体制改革情况摘编 2 [J]. 中国农村水利水电，2000 (3)：38 - 39.

[93] 水利部农村水电及电气化发展局供稿. 国外电力体制改革情况摘编 3 [J]. 中国农村水利水电，2000 (4)：32 - 33.

[94] 水利部农村水电及电气化发展局供稿. 国外电力体制改革情况摘编 4 [J]. 中国农村水利水电，2000 (5)：49 - 52.

[95] 史璐，郝瑞明. 电力体制改革的反垄断设计 [J]. 现代经济探讨，2002 (2)：37 - 39.

[96] 王俊豪. 英国自然垄断产业企业所有制变革及其启示[J]. 财经论丛，2002 (1)：1 - 7.

[97] 肖兴志，张曼. 美、英、日自然垄断型企业改革的共性研究 [J]. 中国工业经济，2001 (8)：50 - 55、60.

[98] 杨涛. 我国产业组织合理化的途径——有效竞争[J]. 财经科学，2001 (5)：52 - 55.

[99] 国家电力监管委员会，华东电力市场月度竞价实施细则 [S]. 电监市场 [2004] 16 号

[100] 国家电力监管委员会，东北区域电力市场初期运营规则 [S]. 电监供电 [2004] 20 号

［101］国家电力监管委员会，华东电力市场运营规则［S］. 电监市场［2004］13号

［102］孙建国. 电力产业规制体制演变的国际比较研究［D］. 厦门：厦门大学经济研究所，2003.

［103］任丽. 电力市场模式探讨及动态行为分析［D］. 武汉：华中科技大学，2004.

［104］张新华. 电力市场中发电市场结构与企业竞价行为研究［D］. 重庆：重庆大学经济与工商管理学院，2004.

［105］孙建国. 电力产业规制体制演变的国际比较研究［D］. 厦门：厦门大学经济研究所，2003.

［106］余化良. 自然垄断变迁与有效竞争［D］. 武汉：武汉大学，2005.

［107］王行村. 中国电力市场化进程中的产业组织分析与设计［D］. 重庆：重庆大学工商管理学院，2006.

［108］吉红梅. 中国发电企业的规模经济研究［D］. 北京：华北电力大学，2004.

［109］胡济洲. 电力市场中配售环节的竞争与规制［D］. 武汉：华中科技大学，2006.

［110］许洁. 转轨期中国电力产业规制研究［D］. 上海：同济大学，2006.

［111］周业烨. 我国电力行业政府规制改革问题的研究［D］. 南京：南京理工大学，2006.

［112］刘夏清. 中国电力市场模式选择与电网企业战略重组研究［D］. 长沙：湖南大学，2003.

［113］张渝. 发电市场的市场力分析及其规制研究［D］. 重庆：重庆大学，2004.

［114］谭国富. "拍卖理论"——现代经济学与金融学前沿系列讲座讲义［R］. 加拿大哥伦比亚大学经济学院，2001.

［115］刘敦楠，李瑞庆，陈雪青，何光宇，周双喜. 电力市场监管指标及市场评价体系［C］. 电力系统自动化，2004，28（9）：16－31.

［116］国家电力监管委员会：http：//www. serc. gov. cn/

［117］国家电力监管委员会南方电监局：http：//www. sc-serc. gov. cn/

［118］北美监管机构：http：//www. nerc. org/

［119］美国监管机构：http：//www. ferc. gov/

［120］英国监管机构：http：//www. ofgem. gov. uk/

［121］澳大利亚国家电力市场：http：//www. nemmco. com. au/

［122］美国加州电力市场（California Electricity Market）：http：//www. caiso. com

［123］冯飞. 垄断性行业改革：效率与发展双重目标［R］. 北京：http://www. cass. net. cn/file/2005010530990. html. 2003

［124］国家发展改革委关于印发电价改革实施办法的通知［EB/OL］. http://www. sdpc. gov. cn/jggl/zcfg/t20050527_4698. htm

［125］库勒. 论欧洲电力及天然气供应的自由化［J/OL］. http：//202. 119. 40. 115/keyandongtai/2004/

［126］Gan D, Bouncier D V. Locational Market Power Screening and Congestion Management：Experience and Suggestions［J］. IEEE Trans. Power Systems, 2002, 2（17）：180－185.

［127］K Rose. Planning Versus Competition and Incentives：Conflicts, Complements, or Evolution? Regulation Regional Power System［M］. London：Quorum Books. 1995：79－97.

［128］De Mello Honorio L, De Souza A C Z, De Lima J W M, Torres G L, Alvarado F. Exercising Reactive Market Power Through

Sensitivity Studies and HHI [C]. Presented at Power Engineering Society Winter Meeting, 2002, 1: 447-451.

[129] Borenstein S, Bushnell J, Knittel C R. Market Power in Electricity Markets: Beyond Concentration Measures [J/OL]. http://www. ucei. berkeley. edu/ ucei/ bushnell/ pwp059r. pdf, 1999.

[130] ISO New England Inc. Annual Market Report May 2001 - April 2002 [DB/OL], 2002, 9 (12). http: //www. iso - ne. com/smd/market analysis — and — reports/annual report and publices forum/ 2002.

[131] Poonsaeng Visudhiphan, Marija D Ilic, Mrdjan Mladjan. On the Complexity of Market Power Assessment in the Electricity Spot Markets [C]. Presented at Power Engineering Society Winter Meeting, 2002, 1: 440-446.

[132] Rahimi A F, Sheffrin A Y. Effective Market Monitoring in Deregulated Electricity Markets [J]. IEEE Transaction on Power Systems, 2003, 18 (2): 486-493.

[133] Jian Yang. A Market Monitoring System for the Open Electricity Markets [C]. Power Engineering Society Summer Meeting, 2001, 1: 235-240.

[134] ISO Department of Market Analysis (DMA). Price Volatility Limit Mechanism (PVLM) Issues and Options [R]. July, 28, 1999.

[135] Jeffrey Williams. Price - move Limits in Commodities and Futures Exchanges, and their Relevance to the California ISO Markets [R]. Department of Agricultural and Resource Economics, University of California at Davis, July 28, 1999.

[136] Office of Electricity Regulation (OFFER). Review of Electricity Trading Arrangements Background Paper 2, Electricity

参
考
文
献

Trading Arrangements in Other Countries ［R］. February 1998.

［137］ Fahrioglu M, Alvarado F L. Designing Incentive Compatible Contracts for Effective Demand Management Power Systems ［J］. IEEE Transactions, 2000, 15 （4）: 1255 – 1260.

［138］ EEI's Alliance of Eenergy Suppliers . Risk and risk Management in Electricity Markets: A Primer ［J/OL］. http: // www. eei. ors/industry issues/finance and accounting/finance/restoring investor confidence/Riskand Risk Management. pdf/

［139］ R Dahlgren, C C Liu, J Lawarree. Risk Assessment in Energy Trading ［J］. IEEE Trans. Power Systems, 2003, 18 （3）: 503 – 511.

［140］ M Demon, A Palmer, R Masiello. Managing Market Risk in Energy ［J］. IEEE Trans. Power System, 2003, 18 （2）: 494 – 502.

［141］ E Tanlapco, J Lawarree, C C Liu. Hedging with Futures Contracts in a Deregulated Electricity Industry ［J］. IEEE Trans. Power System, 2002, 17 （3）: 577 – 582.

［142］ M V F Pereira, M F McCoy, H M Merrill. Managing Risk in the New Power Business ［J］. IEEE Compute. Power, 2000, 13 （4）: 18 – 24.

［143］ Laffont, J – J, J Tirole. Access Pricing and Competition ［J］. European Economic Review, 1993, 38 （9）: 1673 – 1710.

［144］ B Tenenbaum, R Lock, J Barker. Electricity Privatization: Structural, Competitive and Regulatory Options ［J］. Energy Policy. 1992, 20 （12）: 1134 – 1160.

［145］ J Stern. Electricity and Telecommunications Regulatory Institutions in Small and Developing Countries ［J］. Utilities, 2000

中国电力市场结构规制改革研究

(9): 131 – 157.

[146] Zelner B A, Henisz W J. Political Institutions, Interest Group Competition and Infrastructure Investment in the Electricity Utility Industry: A cross – national study [R]. Working Papers. Reginald H. Jones Center, Wharton School, University of Pennsylvania, 2000.

[147] Bacon R W, Besant – Jones J. Global Electric Power reform: Privatiystion and Liberalization of the Electric Power Industry in Developing Countries [J]. Annual Reviews EneBy the Environment, 2001 (26).

[148] Bortolotti B, Fantini M, Siniscalco D. Regulation and Privatization: The case of Electricity [R]. Working Papers. Milan; FEEM, 1999.

[149] Steiner F. Regulation, Industry Structure and in the Electricity Supply Industry, Economics Department [R]. Working Papers, 2000

[150] Plane P. Privatization, Technical Efficiency and Welfare consequeces: The case of the Cote d'Ivoire Electricity company (CIE) [J]. World Development, 1999.

[151] Delfino J A, Caserin A A. The reform of the Utilities Sector in Argentina Discussion Papers [R]. World Institute for Development Economics Research, 2001.

[152] Zhang Y, Parker D, Kirkpatrick C. Electricity Sector Reform in Developing Countries: An Econometric Assessment of the Effects of Privalization, Competition and Regulation [R]. Working Paper, The Centre on Regulation and Competition, University of Manchester, Manchester. 2002.

[153] P Richard, O Neill, C S Whitmore. Network

参
考
文
献

Oligopoly – Regulation: An Approach to Electric Federalism. Regultion Regional Power System [M]. London: Quorum Books. 1995: 99 – 123.

[154] C J Andrens. Regulatory Reform and Risk Management in the US Electricity Sector [J]. Energy Policy, 1995, 23 (10): 885 – 892.

[155] E Hazam. Power Marking Focus Shifts [J]. Transmission & Distribution World, 1996, 48 (1): 62 – 69.

[156] P Kemezia. Gobaliaztion of Electricity Markets [J]. Electrical World, 1996, 210 (1): 33 – 44.

[157] M Eby. Old Rules no Longer Apply [J]. Transmission & Distribution World, 1996, 48 (1): 20 – 36.

[158] A Verbruggen. A Normative Structure for the European Electricity Market [J]. Energy Policy, 1997, 25 (3): 281 – 292.

[159] Paul Joskow, Nancy Rose. The Effects of Technological Change , Experience and Environmental Regulation on the Construction Costs of Coal – Burning Generation Units [J]. Rand Journal of Economics, 1985, 16 (1): 1 – 27.

[160] W B Tye. Competitive Access: A Competitive Industry Approach to the Essential Facility Doctrine [J]. Energy Law Journal, 1987, 8 (3): 337 – 379.

中
国
电
力
市
场
结
构
规
制
改
革
研
究

后　记

　　本书几经修改，终于定稿，如释重负。掩卷长思，中国电力产业市场结构规制改革是一个极富现实意义的研究论题，选择它作为博士论文的专攻方向，在于自己对这问题一直疑惑，进而关注，遂有感触："规制之重甚于拆分。"

　　正如国务院体改办经济体制与管理研究所高世揖认为的："拆分的技术性手段没有最优解，不能以技术性的拆分取代监管。"笔者完全赞同！对于像电力这种传统意义上的自然垄断行业而言，通过行业内部细分，在可以引入竞争的环节放开准入规制，促进竞争，尽量实行市场化的改革，在自然垄断特征最为明显的网络经营上，则应通过有效的规制来规范其运作。在既往的改革中，规制恰恰是最弱的一环。从 2002 年开始的电力改革，在基础的"厂网分开"问题上，政府的规制措施迄今也未能到位。所以中国的电力市场结构规制改革的研究任务还远远不止于笔者目前的认识，任重而道远。

　　关于电力产业的规制问题，是当前研究的热点问题，相关文献可谓是汗牛充栋，论点纷争不一。我得益于这些众多的观点，思想逐渐成熟，努力探索，尝试创新。但限于本人学识水平和成文时间的仓促，书稿中存在许多不足，需要在今后的研究中进一步修正或完善。文中不当之处，还请各位专家学者批评指正。

致 谢

手捧三年寒窗成果，内心难以平静。我要向敬爱的老师、家人、同学及朋友表示真诚的感谢，没有你们多年来的帮助与鼓励，就没有今天的成绩。

首先要衷心地感谢我的导师李一鸣教授、师母汪天玲老师和李栗妹妹。弟子不才，倍让恩师焦虑和劳心，没有恩师的宽容和理解就没有我的今天。师从李一鸣教授是我一生幸事，他学识渊博，做学问兢兢业业，做事肯于牺牲，为人宽容大量，他严谨、正直、无私，这些无一不影响着学生，教会我很多道理，使学生永难忘怀！

其次，我要诚挚地感谢在我攻读博士学位期间所有教过我、给我指导的老师们——赵国良教授、吴潮教授、郭元烯教授、李永禄教授、何永方教授、白云升教授等，感谢他们以渊博的学识、深刻的学理、高尚的品格对我悉心地传授和无私地教导。

同时我也要真诚地感谢我的硕士生导师骆天银教授。感谢他及童师母对我及家人多年来的关心与照顾，感谢他将我引入科研的殿堂，时时敦促我前行，学生铭记终生。

　　特别感谢我的父母、爱人，特别感谢他们对我多年求学生涯的理解和支持，是他们的鼓励使我克服一个个困难，完成了学业。

　　我要感谢我的师兄弟何志强博士、朱家德博士、罗增永博士、王伦强博士、胡国平博士、薛峰博士、刘晓博博士。感谢我的同学吴君槐、毛文静、杨秋波、陈晓媛、方美燕、马颖等博士同学。

　　还要衷心感谢所有为我提供过帮助的人。